善意流淌起来

『社会现象圣哲看』优秀征文选编

王健◎编

河南文艺出版社
·郑州·

图书在版编目（CIP）数据

让善意流淌起来:"社会现象圣哲看"优秀征文选编／王健编. --郑州:河南文艺出版社,2024.10. ISBN 978-7-5559-1725-0

Ⅰ.D669-53

中国国家版本馆 CIP 数据核字第 20244T71V6 号

责任编辑　　梁素娟
责任校对　　殷现堂
版式设计　　张　萌
封面设计　　周　彦　王朝辉

出版发行　河南文艺出版社
社　　址　郑州市郑东新区祥盛街 27 号 C 座 5 楼
承印单位　河南新华印刷集团有限公司
经销单位　新华书店
开　　本　890 毫米 × 1240 毫米　1/32
印　　张　6
字　　数　121 000
版　　次　2024 年 10 月第 1 版
印　　次　2024 年 10 月第 1 次印刷
定　　价　39.00 元

印厂地址　郑州市经五路 12 号
邮政编码　450002　　电话　0371-65957864

编委会

前　言

中华优秀传统文化是中华民族的根和魂。习近平总书记多次就传统文化的保护和传承作出重要指示,提出"以古人之规矩,开自己之生面",实现中华文化的创造性转化和创新性发展。

"今人不见古时月,今月曾经照古人。"那些具有超凡品德、才智的先贤圣哲,虽然离我们已经很远,但他们的思想却如高天明月,一直闪耀着智慧的光芒;今人也会面对古人曾经历的日常生活、社会现象。那么,圣哲留下的经典语录,会给我们怎样的启迪?

在中共周口市委宣传部出题并直接谋划下,市委宣传部、周口日报社、市社科联联合组织开展"社会现象圣哲看"系列道德文化阐释普及活动,以征文为起点,进一步传承和弘扬中华优秀传统文化,用健康向上的历史文化观和道德价值观辨析社会现象,分清是与非、美与丑、善与恶,弘扬社会正气,让圣哲的观点与当前的社会现象连接起来,让更多的人接受经典的指引,让道德文明风尚更好地融入人们日常生活。

征文在《周口日报》《周口晚报》《周口社会科学》等报刊陆续发表,其间,文化学者、社科专家及各行各业热心读者给予高度关注和大力支持。他们围绕社会心理现象、社会行为现象、社会矛盾现象等,以社会主义核心价值观为准则,用中国古代圣哲思想和优秀传统文化理念加以辨析,撰写了一批优秀稿件。这些稿件弘扬真善美、传递正能量,引经据典、润物无声,读来亲切自然,很有说服力。

从2023年5月活动启动以来,"两报一刊"共刊发稿件50多篇,这些文章在读者中持续引起强烈反响,广受社会好评。大家提议将这些文章结集出版,以放大和延伸文章所阐述道理的社会影响。为此,我们编辑出版《让善意流淌起来——"社会现象圣哲看"优秀征文选编》一书,希望以此推动全社会形成崇义、善思、明理的良好风尚。

由于时间仓促,水平有限,书中难免有不足之处,恳请专家和读者批评指正。

编者

目　录

崇德向善，周口人很任性

王爱民

> "上善若水，水善利万物而不争。"意思是说，世界上最高境界的美德，就像水的品行一样，泽被万物而不争，乐善好施不图报。

总有一种精神，令人振奋；总有一些美好，让人难以忘怀。2008 年夏天，在欧洲留学的儿子回国度假。在德国的法兰克福机场，一名德国人友好地问儿子："回东京吗？"儿子自豪地说："不，回北京。"德国人竖起大拇指说："北京奥运会，中国真棒！"因为开奥运会，很多原来在北京起降的飞机改在广州起降。儿子在广州见到了在西安交大读研时的同学，他在广州一家电力公司上班。电力公司的一位副总听说儿子是周口人时，非要为儿子接风。在餐桌上，这位副总动情地说："感谢周口人，在九江大桥上救下了我的爱人和女儿。"他给儿子讲了 2007 年 6 月 15 日，发生在广东九江大桥上那使他终生难忘的一幕：断桥事故发生时，大雾弥漫，来自河南周口太康县的王文田、谢凤运两位老人，在距离断桥处五六米远的地方，冒着大桥可能再次坍塌的危险，舍命拦下了经过的 8 辆车。 当时已有 4 辆汽车坠入河中，造成 9 人失踪。在他们舍命拦下的 8 辆车中，其中一辆里就坐着他的爱人和女儿……那个晚上，不善饮酒的儿子喝醉了。 他说，祖国的强大，使他这个海外游子感到扬眉吐气；家乡父老的善行义举，使他作为一个周口人感受到了尊重和荣耀。

还有一条新闻，尽管过去多年，但一直萦绕在我的心头，"好债主"张智博，放弃追债替已故车主还清贷款的故事，让我感动。 2011 年 2 月，驻马店泌阳县农民赵见闯，在周口人张智博所在的骏通顺车辆销售公司购买了一辆价值 50 多万元的自卸卡车。 赵见闯先支付 25 万元现金，余款从银行借，由张智博担保。 车辆售出两个月后，赵见闯在新疆遭遇车祸身亡，保险理赔款全部给了对方，事故车辆被当地交管部门扣留。 赵见闯的妻子接受不了这个现实，丢下两个年幼的孩子离家出走。 当时，看到破败的农家小院、赵见闯 70 多岁的父母、两个嗷嗷待哺的孩子，张智博决定放弃追讨 25 万元的车款，并且每年资助两个孩子 1.2 万元生活费，直到他们长大成人。 十几年来，赵家人已成为张智博夫妻二人生活中的牵挂，每逢中秋、春节，张智博夫妇都会赶到泌阳看望这家讨债认来的"亲戚"。 从债权人到讨债人，从讨债人到捐助人，张智博以无私大爱演绎出人间真情，被网友誉为"中国好债主"。 2015年9月，张智博荣登"中国好人榜"。

打开网络，搜索"周口人见义勇为"，总能看到上百条周口人的动人事迹。 近年，周口深入开展"德润三川"系列活动，"诚信周口""善行周口""英模周口"催生出彭秀英、李灵、李高峰、陈国厂、张鹏程等一大批感动中国、影响广泛的"道德明星"。 连续八届评选表彰周口市道德模范及提名奖170人，全市已有100多人荣获"全国道德模范"或"中国好人"称号，70多人荣获"河南省道德模范""出彩河南人""河南好人"称号，周口"好人之城"美名远扬。

周口是羲皇故都、老子故里，历史文化底蕴深厚，周口人民深受中华优秀传统文化的熏陶。 中华传统文化中以"修身、齐家、治国、平天下"为准则的崇德向善、担当精神，深刻影响着周口人的行为规范和品质养成，培育了很多的仁人志士。《道德经》第八章有一句大家耳熟能详的话："上善若水，水善利万物而不争。"意思是说，世界上最高境界的美德，就像水的品行一样，泽被万物而不争，乐善好施不图报。刘备临终给其子刘禅的遗语中曾经说过："惟贤惟德，能服于人。""勿以恶小而为之，勿以善小而不为。"崇德向善，进取有为，这是儒家文化的人文精神，也是中华优秀传统文化的精髓。 倡导崇德向善，就是要强调国家、集体的利益高于个体的利益，把为社会奉献作为一种追求。

心若美好，自带光芒；心若善良，步步生香。 一个城市文明程度的高低，取决于这个城市市民的精神风貌与价值取向。 一个崇德向善的城市，必定是一个充满希望的城市，对外是品牌形象，对内是支撑力量。 目前，周口正在申报国家历史文化名城，打造"道德名城 魅力周口"，弘扬崇德向善的传统美德，积极推进"两个结合"，在更高维度上实现中华优秀传统文化的守正创新，用健康向上的历史文化观和道德价值观辨析社会现象，分清是与非、美与丑、善与恶，激浊扬清，针砭时弊，让崇德向善成为周口人民自强不息、团结奋进的自觉行动，让道德文明风尚更好地融入人民群众的日常生活，成为打造历史文化名城和"道德名城 魅力周口"的精神力量。

从"天价彩礼"到"新事新办"

陈大明　马廷俊

> "失道而后德，失德而后仁，失仁而后义，失义而后礼。夫礼者，忠信之薄，而乱之首。"在老子看来，一个社会中，道和德都失去了才要讲求仁，失去了仁才要讲求义，失去了义才要讲求礼。

聘礼具有悠久的历史，汉时大雁为聘，"鸿雁于飞，肃肃其羽"，用一份礼物传递对新婚夫妇的情谊；1970 年代的"三转一响"、1980 年代的新"四大件"，用家具和电器表达对小两口未来美好生活的支持与祝福……近年，随着物质生活的不断丰富，聘礼的数额和形式也在不断发生变化，社会上出现了互相攀比、高价彩礼现象。 我了解到，一个村子里有一养殖户，家中两个儿子，小儿子订婚时拿了 8.8 万元，看嫁妆时拿了 10 万元，后来女方又要求在县城里必须有房，出行必须有车。 为给孩子成个家，老两口东拼西凑，在县城首付 30 多万元买了套房，买车又花了 15 万多元，前前后后花了近 70 万元。 还有一农户的儿子谈了一个商丘的女朋友，女方要求必须跟她闺蜜一样订婚时拿 30 万元，否则就不成亲。 为了儿子的婚事，一家人竭尽所能满足女方要求，被高价彩礼折磨得苦不堪言。 因无法支付高价彩礼，不得不以分手告终的事，也很常见。 近年，高价彩礼现象非常普遍，由此诱发的家庭矛盾甚至刑事案件也时有发生。

最近，有几个小伙子偕未婚妻到鹿邑县城参加了一场别具一格的集体婚礼。 这场集体婚礼没有豪华车队，新郎手持国旗，新娘手捧玫瑰，以零彩礼、集体婚礼的方式在弘道苑广场隆重举行，迈出了从"天价彩礼"到"新事新办"的第一步。

弘道苑，位于老子讲学地明道宫老君台的对面。 春秋末年，担任周朝守藏室之史的老子，曾经回到家乡，在如今县城东北隅的一处高地说道论德，不少有识之士慕名前来，听老子讲学，向老子请教。 历史上有名的孔子问礼于老子，就发生在这一时期。 老子对"礼"是咋看的呢？ 前期是尊崇并勉力施行，到了后期，基于人生阅历和对动荡社会现实的深刻思考，认识到"礼"已经失去其本来意义，变成权贵大族、诸侯国君鱼肉百姓、欺凌弱小国家，钩心斗角、尔虞我诈的工具。所以，在《道德经》第三十八章，老子一针见血地指出："失道而后德，失德而后仁，失仁而后义，失义而后礼。 夫礼者，忠信之薄，而乱之首。"在老子看来，一个社会中，道和德都失去了才要讲求仁，失去了仁才要讲求义，失去了义才要讲求礼。 这种分析的深刻性与尖锐性，远远超出当时人们的认识水平。 所以，我们看到典籍史料中有关于孔子南之沛和赶赴洛邑向老子问礼的记载，以及《庄子》中的描述，就多是老子对虚伪的礼的揭露和批判。 那一声"礼者，忠信之薄，而乱之首"的呐喊，的确发自肺腑，振聋发聩，不啻是奏响了警世济人的黄钟大吕。

"天价彩礼"正是老子深恶痛绝的虚假的"礼"的表现，不少家庭和新人为了"面子"，丢了"里子"，并没有享受到新婚生活带来的快乐与幸福，甚至因为债台高筑埋下了家庭不和的种子。 从这个意义上说，"新事新办"是对老子"尊道贵德"思想和坚决摒弃作为"乱之首"的虚假的"礼"的主张的生动实践。 希望这种生动的社会实践由点到面，变成城乡居民的共识，并化风成俗，成为人人遵守、家家奉行的良好社会风尚。

"见贤思齐"的道德追求

常全欣

"见贤思齐",语出《论语·里仁》篇,意思是见到有德行的人就要努力向他学习,争取像他一样出色。

"道德名城　魅力周口",打造这一城市名片,周口是有底气的。抛开这里是老子故里、羲皇故都,单说近年我们身边频频涌现的"周口好人",就足以为"道德名城　魅力周口"注入满满的正能量。

让我们细数近年的身边好人,有李灵、李高峰、李飞、陈海宏等一大批感动中国、影响广泛的先进英模人物,还有王灿云、王文田、谢凤运、刘金行等道德模范。他们来自各行各业、各个阶层,有工人、农民,有教师、学生,还有现役军人、外出务工青年。为什么"周口好人"如雨后春笋般涌现?这背后是周口儿女心中始终秉承的一种"见贤思齐"的道德追求。

"见贤思齐"，语出《论语·里仁》篇，意思是见到有德行的人就要努力向他学习，争取像他一样出色。《论语》里，孔子还说"择其善者而从之""见善如不及，见不善如探汤"，对崇德向善，向身边有道德的人学习提出了自己的主张。

孔子终生以周公为楷模，不断提升个人的品德、知识和能力水平，孔子的弟子们以孔子为榜样，修行不辍，笃行不怠，终有所成。一部《论语》，包含着丰富的哲理，如"性近习远""见贤思齐"，指出人的先天本性、发展潜质等都是相接近的，通过学习，缩小差距，甚至实现对自己的超越，每个人都可能成为君子甚至圣贤。

在漫长的历史长河中，周口圣贤辈出，老子一部《道德经》让周口骄傲，司马迁《史记》记载的有名有姓的周口籍人就有250多名。在革命战争时期，英雄的周口人民赴汤蹈火，为民族的解放作出了重大贡献。正如鲁迅所说，他们中"有埋头苦干的人，有拼命硬干的人，有为民请命的人，有舍身求法的人"。

一代又一代的古时圣贤、时代英雄、身边好人，是一座座精神宝库。他们的向善品行，通过各级党委和政府的引导、推动，通过舆论、教育、社会机制的熏染、培育，让一代又一代的周口儿女仰慕、追随、笃行，周口儿女逐渐形成了正直善良、朴实真诚、勤劳勇敢、乐于助人、自强不息的道德品质，进而演化为崇德向善的乡风民俗，为"周口好人"孕育了发展的沃土。

子曰："德不孤，必有邻。"意思是品德高尚的人不会孤独，一定有志同道合的人和他做伴、同行。我们欣喜地看到，周口儿女走到哪里，在任何岗位上，都把"好人"的种子播撒在哪里。危难面前，他们挺身而出，不问安危；困境面前，他们义无反顾，不求回报……无论是在危急时刻涌现出的平民英雄，还是日行一善的道德模范，他们用爱心呼唤良知，用善行感动社会，精神高度令人敬仰。他们都在追求孔子所强调的"道""德""仁""义"，是"见贤思齐"这一道德追求的鲜明见证。据周口文明网报道，截至 2022 年 10 月，"周口好人"库收录好人 12800 多人，其中 6 人荣获"全国道德模范及提名奖"称号，106 人入选"中国好人"，7 人荣获"河南省道德模范及提名奖"称号，60 余人入选"河南好人"，好人群体不断壮大，社会道德能量呈现出几何级数增长。

英国哲学家罗素说："在一切道德品质之中，向善的本性是最重要的。"《孟子》中说："人皆可以为尧舜。"可以相信，在周口市打造"道德名城 魅力周口"的当下，广大民众心中"见贤思齐"的道德追求必将日益强劲，崇尚好人、学习好人、争做好人，用小善聚大爱，让溪流汇大海，"周口好人"形成的"蝴蝶效应"，将为物质日渐富裕的周口积聚更加强大的道德力量。

学会不争

李晓英

　　"天之道，利而不害；圣人之道，为而不争。"人生在世，国人向往的成功标准是立功、立言、立德。对于普通人来讲，更看重的就是名和利。

　　生活中常见有些人，因为一些事情、一些东西争来争去，甚至头破血流还不肯罢休，但最后还是得不到什么，反而让自己的内心变得沉闷，甚至受到一些伤害，往往得不偿失。

　　"少则得，多则惑。"人生在世，得失有常，得就是失，失就是得。很多时候，你越是争功劳、争利益、争名誉，反倒会失去自我，倒不如以退为进，成就自我，也成全他人。不争，既涉及人的内在品格，又关乎普遍的社会规范。

　　"天之道，利而不害；圣人之道，为而不争。"人生在世，国人向往的成功标准是立功、立言、立德。对于普通人来讲，更看重的就是名和利。但是，人生不是自我的单行道，因此名、利皆有度（分寸），所获也有节（节制）。 人生在世，行仁义之道，也借此建功立业。 但是，仅仅建功立业还不够，我们的传统文化还强调功成身退、功成不居、深藏功名。 功成身退并非不要功业，并非躺平，而是在建功立业之后，不居功自傲，并把功劳托付给别人。 当然，一个人功劳越大，退出也就越难。 果真能退出，则觉悟愈高，人格愈伟大。 如果说建功立业很难，那么功成身退更难。 人生在世，进也难，退也难，是进退两难。

这里讨论的不争，是功成以后身退的层面。 当然，我们更关注普通人在日常生活中如何修炼不争的功夫。

普通人相争，无非计较自己干的活多，流的汗多，觉得自己贡献多、功劳大，但是收获太少，待遇太低；在社会中我帮助别人，就希望别人能承我的情，能回报我，如果不回报，我就会生气，就会计较；在家庭中夫妻二人争论谁付出的多；单位中争论谁的工作更重要，谁说了算。 这些分项有时候真不好计算、不好合计，我们怎么可能精准地算出哪一方的贡献和付出到底是多少呢？ 如果真能精准地算出来，家庭和单位又是一种什么状态？ 互相提防、彼此算计，没有感情、没有温馨、没有信任。 因此，合作中的功劳不好计算又偏偏苛求，于是争论就来了，埋怨和指责就来了。 这些相争既消耗精力又浪费时间，既伤害身体，又伤害感情，可谓吃亏不讨好。

"上善若水。 水善利万物而不争，处众人之所恶，故几于道。 居善地，心善渊，与善仁，言善信，正善治，事善能，动善时。 夫唯不争，故无尤。"因此，为了自己的身心健康，为了和谐的人际关系，我们需要看淡功利，学会释然超脱、知足常乐，时时调养心情，保持最佳心态，不苛求什么、不计较什么，修炼出登高临风、宠辱不惊的境界胸怀。 学会不争，就是要做人包容，做事有量。 做人有多大气，就会有多成功。 海纳百川，有容乃大。 要学会容人之长，容人之短，容人之误，容人之怨。 如果只看一个人的短处，天下没有一个人可交；如果能看到一个人的长处，世间尽是吾师。"芥子纳须弥"，如果我们有柔软、慈爱、悲悯、包容的心，宰相肚里能撑船，还有什么事情值得我们计较呢? 还有什么利益值得我们揪住不放呢? "以其不争，故天下莫能与之争。"不争，不代表认尿，而是一种人生智慧。

说说"远亲不如近邻"

何辉

时间过得太快了,回想起来,我参加工作已经 35 年了,
先后搬过三次家,处了三家好邻居。第一家邻居是近郊的居
民,至今还能吃上好邻居送来的新鲜水果和蔬菜;第二家邻居
是位医生,我父亲生病时,他守候了几天几夜;第三家邻居和
我亲如兄弟,两家常常聚餐,串门如同在自家一样自在、方
便。我经常说:遇到好邻居是我的福分啊!我不仅是"远亲
不如近邻"的受益者,还收获了不是亲戚胜似亲戚的亲情和友
情。

远亲不如近邻,就是当你遇到紧急情况需要帮助的时候,

远道的亲戚不如近旁的邻居那样能及时给予帮助，也就是说有时邻里之间交往比远亲更多一些，使得邻里之间有了一种甚于远亲的感情。

元朝秦简夫《东堂老劝破家子弟》第四折："岂不闻远亲呵不似我近邻，我怎敢做的个有口偏无信。"明朝施耐庵《水浒传》第二十四回："常言道：远亲不如近邻。休要失了人情。"

"远亲不如近邻"的例子也不胜枚举。清朝康熙年间，有个大名士叫张英，一天收到家里的来信，信中说家人为了争三尺宽的宅基地，与邻居发生了纠纷，要他迅速返乡整治一下邻居，为家庭争回面子。张英在回信中说了邻里之间友好相处的必要性，并在结尾写下四句诗："千里修书只为墙，让他三尺又何妨？万里长城今犹在，不见当年秦始皇。"家人见信后深有感触，于是就让出三尺宅基地，邻居见状，也让了三尺宅基地，结果便成了六尺巷，两家关系和好如初。这就是传诵至今的"六尺巷"故事。

邻里之间应多些接近。接近是相互认识的基础，也是处理好邻里关系的前提。只有相互接近、相互了解，才能为较好的相处打下基础。与此同时，邻里之间要多些沟通、多些交流，知晓彼此的基本情况，有利于相互理解和支持。

邻里之间应多些互助。出远门了，请邻居帮着看一下家；家里有人生病了，请邻居帮忙送去医院；遇到力气活儿，一个人弄不动，请邻居帮一下忙……很多时候，我们都离不开邻居的帮助，也是在邻里的相互帮助中，增加了感情，增添了友谊，增进了理解。

邻居之间应多些理解。 邻居之间相处时，难免会出现不和谐的音符。 如家里或有闹夜的孩子，或有装修凿墙的噪声等，邻居之间既要相互尊重，又要想法调和矛盾，换位思考，尽量把影响控制在最小范围。 互帮互助，互敬互爱，相互理解，然后相处无间。

点燃内心的善良之灯

李保国

生命中总是有许多不期而遇的温暖和感动，要心存感恩之心，身行积德之善，做到从善者我近之，从恶者我远之，时刻点燃内心的善良之灯。

人们对"善"与"恶"内涵的不同理解，形成了不同的人生观、世界观和价值观，进而产生不同的价值选择和行为结果。孟子认为性本善，人天生具有恻隐之心、羞恶之心、辞让之心、是非之心，这"四端"使人具有向善的可能性。荀子则在《性恶》篇表明人性本恶，并不遗余力地驳斥孟子性善说。善与恶就是人性不同的两面。善者，顺理也；恶者，违理也。通俗来说，善指的是好人好事，恶指的是坏人坏事。

诵读古代先贤留下的诸多名句，学习中华传统的优秀文化，不但能够真切地感知其中蕴含的丰富哲理，更能体会到处处散发出"善"的美德，为我们惩恶扬善提供了有益的借鉴。

比如《周易》有云："善不积不足以成名，恶不积不足以灭身。"《左传》有云："善不可失，恶不可长。"《易传》坤卦也有"积善之家必有余庆，积不善之家必有余殃"这样的精辟见解。《礼记》亦有"爱而知其恶，憎而知其善"的警句。我们从小学习的《三字经》，第一句话就是"人之初，性本善"。在《道德经》的第二章，老子讲"天下皆知美之为美，斯恶已。皆知善之为善，斯不善已"。

保持一颗良善之心，就是人生幸福的源泉，就是被人尊重的资本，也是延续至今最高贵的品质。但是现实中仍有负面的社会现象，诸如老人摔倒无人敢扶、见义勇为之事无人敢做、欺骗诈骗恶行屡禁不止……心中不可无善念，行事不可无善举，虽然还存在着许多恶意与恶念，但善良是唯一能与之抗衡的最强大的力量，是保证我们独自行走在世间不灭的明灯，也是让世界变得美好的一束光。生命中总是有许多不期而遇的温暖和感动，要心存感恩之心，身行积德之善，做到从善者我近之，从恶者我远之，时刻点燃内心的善良之灯。

点燃内心的善良之灯，要懂得知恩图报。古语说得好，滴水之恩，涌泉相报。感恩是一种善行，是一种品德，更是人生的大智慧。一个心存感恩的人，才会懂得珍惜、懂得尊重、懂得付出。我们要感恩一切善待自己的人，感恩一切帮助自己的人，只有知恩图报，才能不让施恩者失落，才能不使行善者心寒，才能让正能量生生不息永远传递下去。

点燃内心的善良之灯，需要从小事做起。什么是真善？

真正的善行都是无意之举，小善行，胜过大善念。 古人云："不以善小而不为，不以恶小而为之。"作为普通人，不一定要成为大善人，不一定有大壮举，但可以从生活的点滴做起。汽车在斑马线前停下，等待行人走过马路，小孩子则向司机鞠躬表示感谢……正是因为有这些善良礼让的现象，我们的社会才处处洋溢着和谐与美好。 我们的确做不到"挟泰山以超北海"，但可以"为长者折枝"。 做好身边的小善事，日积月累，也可以成为积善之家。"积善之家必有余庆"，看似"不经意"的善意，不仅能给人带来温暖，也会给自己带来快乐，那些看似微不足道的言行，不仅能使他人觉醒，更能照亮自己的内心。

点燃内心的善良之灯，应从自身做起。 求人善良不如自己善良。 曾有报社做过一个调查，如果这个世界失去温暖，问题出在哪里？ 最简单有力的回答，来自英国作家切斯特顿："在我！"妙哉斯言！ 每个人都是社会的一员，都应该从自我开始行善，像萤火虫一般，有一分热，发一分光，而不必等待炬火。 如此，我们的社会才会洋溢着春天般的温暖。 费孝通说："各美其美，美人之美，美美与共，天下大同。"善又何尝不是如此呢？ 只有善的传递，善的共鸣，才会有天下大同的局面。

点燃内心的善良之灯，需从当下开始。 行善无须择时而为，不必等，也无须等。 人为善，福虽未至，祸已远离；人为恶，祸虽未至，福已远离。 积德行善不是从明天开始，而是从当下开始。 路虽远行则将至，日行一善，就算细微，就算零碎，也要驰而不息坚持下去，一样可以功满三千！

管仲说："善人者，人亦善之。"心存美好，万物皆美，心存善良，必有福气，但行好事，莫问前程，赠人玫瑰，手留余香。 生命因善良而动人，人生因善良而美好，生活因善良而温暖，让善良成为一盏灯，照亮别人，温暖自己，让社会沐浴善意、充满善举，让周口的道德星空绽放璀璨的光华。

别让焦虑情绪羁绊了你

郭光辉

> "不偏之谓中，不易之谓庸。"中庸之意就是处理问题时不极端，找到最适合的方法。 所以说是好是坏关键在于度，适度的焦虑情绪是有利的，有利于调动身体资源，发挥最大潜力，提高应对环境压力和工作的能力。

幼儿园毕业入小学有压力，小学毕业升初中有压力，初中毕业上重点高中有压力，高中毕业考入心仪的大学有压力，大学毕业面临就业压力更大，学生有压力，家长同样也有压力。房贷、车贷、信用卡还款，生活上有压力；上班人员有晋升压力；创业者有经营压力；等等。 可以说压力无处不在、无时不有。 人一有压力，说话就嗓门大、做事易急躁、夜里睡不着觉、心情郁闷，这些都是焦虑情绪的表现，会影响我们的生活和心情。

焦虑情绪是一种内心紧张不安、预感到可能发生某种不利情况和潜在危险而又难以应对时内心的不愉快状态。 人为什么会焦虑？ 最根本的原因可能就是需求和真实拥有的无法匹配，理想很丰满，现实很骨感，心理落差较大，正所谓才华撑不起野心，存款抵不过风险，整日抱怨空想却无力改变。 对于焦虑情绪，我们不能谈虎色变。 焦虑情绪与焦虑症不同，前者只是一种心理状态，后者是一种疾病需要治疗。 德国有位医学家曾说过："没有焦虑的生活和没有恐惧的生活一样，并不是我们真正需要的。"焦虑不会消失，只会不同程度存在。

焦虑情绪是好是坏？ "不偏之谓中，不易之谓庸。"中庸之意就是处理问题时不极端，找到最适合的方法。 所以说是好是坏关键在于度，适度的焦虑情绪是有利的，有利于调动身体资源，发挥最大潜力，提高应对环境压力和工作的能力。过度焦虑是有害的，会使注意力不集中，记忆力下降，使人感到疲劳，导致办事效率低，容易出差错，时间长了可能会导致身体疾病。

如何缓解焦虑情绪？ 适度运动、听听音乐、合理饮食、充足睡眠、多与朋友交流、做放松训练等，这些方法都是可以的。 还可以多读些经典书籍，中华传统文化博大精深、源远流长。 南怀瑾老先生谈到"三家店"：佛家像百货店，可以逛也可以不去逛，可以买东西也可以不买东西；儒家像粮食店，是天天要吃的；道家像药店，不生病可以不去，生病了则非去不可。 焦虑重者是疾病，轻者是问题，所以我们可以在《道德经》中寻找答案——始终保持"三心"——平和之心、进取之心、清廉之心。

保持平和之心。"万物负阴而抱阳，冲气以为和""致虚极，守静笃""故知足不辱，知止不殆，可以长久"。一个人心态平和，就不会因为大喜大悲而损伤情绪。一个人内心安宁，就会对身边发生的事情，顺其自然，处之泰然。一个人知足知止，就会对名利有清醒的认识，守住欲望的限度。说到教育子女，孩子出类拔萃，我们让他展翅高飞；孩子趋于平凡，守在身边过平常日子。关于职务升迁，有机会升职就努力工作做更多贡献，没有机会升职就脚踏实地对得起自己的工资。对待挣钱多少问题，钱挣多了就回报社会，钱挣少了就节俭过日子。心态平和，就能正确看待名利、得失，就会理性处理事情，心中就不会有烦恼、忧伤。

保持进取之心。保持平和心态，并不是让人"佛系"或者"躺平"。《道德经》十几次提到"无为"，无为不是无所作为，而是不妄为，不做违反规律的事。"人法地，地法天，天法道，道法自然""千里之行，始于足下""图难于其易，为大于其细"。这些不但教我们要做事，而且教我们做事的方法。新时代是奋斗者的时代，对个人而言，只有进取、奋斗、实干，才会有坚实的物质基础和丰富的精神世界。如果没有进取心，整日无所事事，精神会迷茫、空虚，也会莫名产生焦虑情绪。同时也要正确对待得失，有时候付出了没有收获，我们也不要抱怨，以平常心待之，将来回想起没有遗憾、不后悔，这何尝不是一种好的结果。

保持清廉之心。当今世界，物质发达，诱惑太多。一个人因为没有管住贪欲而干了违法违纪的事情，虽然心存侥幸，但内心会惴惴不安。长时间处于忧愁、恐惧中，不可避免会产生焦虑情绪。怎么办？"名与身孰亲？身与货孰多？得与亡孰病？甚爱必大费，多藏必厚亡"，这就告诉我们要常勤自省，正确对待名利。"五色令人目盲，五音令人耳聋，五味令人口爽，驰骋畋猎令人心发狂，难得之货令人行妨"，告诫我们要常自律，不沾染不良习性，自觉抵御各种诱惑。"天网恢恢，疏而不失"，警示我们要心怀敬畏，绝不能存在半点侥幸心理。"贪欲是祸，清廉是福"，守住清廉也就是守住了幸福生活。

前几天听一个讲座，其中谈到管理可以分为结果管理和过程管理两大类，对大多数人来讲，结果管理是一样的，人都将进入坟墓，但过程管理不一样，人生历程千姿百态。我们要做好过程管理，千万别让焦虑情绪等负面因素羁绊住你。

给"躺平者"的忠告

张君民

在儒家看来，食君之禄，担君之忧，要诚敬地对待自己的职责，而不能只喊口号"唱空城"、拈轻怕重"做样子"、庸碌无为"混日子"。

然而，有些躺平的人，从来不说自己做了多少工作，对自己的工资、福利待遇却看得很重，并且享受得心安理得。

2023 年兔年央视春晚，由沈腾、马丽等表演的小品《坑》，精准刻画了一个"躺平式干部"的形象，给大家带来笑点的同时，也引发了社会更多的思考。当前，确有极少数干部不思进取、甘于平庸，在其位不谋其政，选择了自我边缘化的躺平。他们有的是因为年龄问题，有"船到码头车到站"的倦怠；有的是因为能力问题，难以胜任工作而选择了逃避；有的是因为升迁无望，有意消极怠工；有的是奉行"多做多错，少做少错，不做不错"，畏首畏尾、惧怕担责而推诿；

有的是因为有不满情绪，整天牢骚满腹，怨天尤人，不仅躺平，还散布负能量。

总之，躺平的原因很多，不一而足。但不论哪一种情景，"躺平式干部"的社会危害是显而易见的。他们的行为，贻误的是党和国家事业的发展，损害的是民生福祉，最终也必然会伤了老百姓的心。所以，躺平不是一个人能力水平和工作作风的小问题，而是事关党风、政风、民风的大问题。

子曰："不在其位，不谋其政。"曾子曰："君子思不出其位。"（《论语·宪问篇》）这是孔子对学生们今后为官从政的忠告。他要求为官者各负其责，各司其职，脚踏实地，做好分内的事情。曾子也同样是这个意思。不在其位，不谋其政。那么，在其位，当然就要谋其政。每一个职位都承担着一份职责，每一份职责都是党和人民沉甸甸的嘱托。干部，关键在干。这是义务，更是本分，是一个国家、一个组织行稳致远的根本。

子曰："饱食终日，无所用心，难矣哉！"（《论语·阳货篇》）孔子说："整天吃得饱饱的，什么心思也不用，这种人就实在难以教导啊！"许多人选择躺平后，完全失去了干事创业的劲头，安于现状，不思进取，饱食终日，无所用心，懒惰散漫，成天无所事事，无谓地浪费时间，个人的学习成长根本无从谈起，人生又哪里会有幸福呢？

子曰："群居终日，言不及义，好行小慧，难矣哉！"（《论语·卫灵公篇》）孔子说："整天聚在一起，言语都和义理不相关，喜欢卖弄小聪明，这种人很难教导。"

闲来生事，许多躺平的人，自己不但不去干事，往往还东家长西家短，说三道四，议论是非，尖酸刻薄，不担当、不作为、乱作为，满满的负能量，严重影响单位的团结与和谐。

子曰："事君，敬其事而后其食。"（《论语·卫灵公篇》）孔子说："侍奉君王，就应该认真做事，把领取俸禄的事放在后面。"首先要诚敬地付出，然后再谦逊地得到，这就是"礼"。在儒家看来，食君之禄，担君之忧，要诚敬地对待自己的职责，而不能只喊口号"唱空城"、拈轻怕重"做样子"、庸碌无为"混日子"。然而，有些躺平的人，从来不说自己做了多少工作，对自己的工资、福利待遇却看得很重，并且享受得心安理得。他们经常念叨着自己的工资发了没有，津贴涨了没有，节日的福利少了没有，等等。丝毫没有意识到，他们因为职业而有工资待遇，这是一种契约，是安身立命之本，至少应该为这份工资、待遇付出相应的劳动，对得起这份工资、待遇。

最后，很想给"躺平者"一点忠告：人总是要有一点精神的。能力不足，要靠学习来提高；退休年龄快到了，也要尽力站好最后一班岗……总之，在其位，就要谋其政，就要担其责，失责必追究。与其"躺平"，不如活在当下。光阴飞逝，犹如白驹过隙，唯有脚踏实地过好今天，才能迎接更加美好的明天，幸福都是奋斗出来的。

向"平民英雄"致敬

苏童

> 总有勇毅的身影让人刻骨铭心,总有向善的力量让人热血沸腾。 正是根植于中华传统美德向上向善的暖流,我们社会前进的步履才越发铿锵。

见义勇为,是中华民族的传统美德。《论语·为政》中提道:"见义不为,无勇也。"意思是说:看见正义的事情而不去做,是不勇敢的行为。《宋史·欧阳修传》亦云:"天资刚劲,见义勇为,虽机阱在前,触发之,不顾。"可见古人是非常"尚勇"的。 当今社会,也是需要弘扬见义勇为精神的。近年,涌现出了许许多多的"平民英雄"。

周口职业技术学院学生房玉翔就是这样的一位"平民英雄"。 2022 年 3 月 24 日下午,一辆白色轿车在周口市沈丘县刘庄店镇不慎开入河中,造成 2 人被困。 危急时刻,房玉翔奋不顾身跳入冰冷刺骨的河水中施救,成功救出被困人员。

由于救人时间较长，房玉翔双腿冻僵，体力不支，差点为此丧命……他跳河救人的事迹经《大河报》报道后，受到社会广泛关注，新浪微博发起的话题点击量就达到 1.4 亿，网友纷纷为房玉翔点赞祝福。 事后，房玉翔被评为"周口市第一届见义勇为模范"，并荣获 2022"感动中原"年度教育人物称号。

无独有偶，2023 年 6 月 9 日，镇江南茅延路宝堰段发生 3 车相撞起火的重大交通事故，其中，一辆蓝色事故车的驾驶员被困。 当时现场虽然有路人，但在爆炸声中，谁也不敢上前。 这时，来自周口市沈丘县的青年赵方园奋不顾身一个箭步冲上去，拽开驾驶室的门，将被困驾驶员的安全带解开，将人救出。 驾驶员脱离险境一分多钟后，现场再次发生爆炸，3 辆车全部被大火包围。 说起救人的事情，赵方园说："当时根本不可能想别的，就是一心救人，好在被困驾驶员被安全救了出来。"赵方园救人的视频在网上热传后，网友们纷纷点赞，称赞他是平民英雄。

在我们身边，这样的平民英雄还有很多。 面对危难，他们敢于挺身而出，见义勇为。 他们的善行义举不仅擦亮了"道德名城 魅力周口"的名片，更为三川大地增了光添了彩。

总有勇毅的身影让人刻骨铭心,总有向善的力量让人热血沸腾。 正是根植于中华传统美德向上向善的暖流，我们社会前进的步履才越发铿锵。 时代呼唤涌现更多的平民英雄，时代需要大力弘扬见义勇为精神。 让我们向平民英雄们致敬，让善行义举、正义正气在全社会得到最大回响，共同努力去营造"人人崇尚见义勇为、人人参与见义勇为"的良好社会风尚，让三川大地善行义举蔚然成风，让"道德名城 魅力周口"的名片擦得更美、更亮。

把温暖和善意传递给身边的每一个人

刘博

越稀有越觉得珍贵，越少见越觉得难得。《孟子·公孙丑上》中有句话"君子莫大乎与人为善"，意为君子最高的德行就是和他人一道行善，行善自古以来就被视为一种高尚的道德品格。

2023 年 6 月，跳江救人的杭州外卖小哥彭清林火了，视频在网络上转发无数，其救人事迹被各家媒体宣传报道，证书、金钱、房子、工作等接踵而至……在这之前，彭清林只是众多杭州打工者中普通的一员。

越稀有越觉得珍贵，越少见越觉得难得。《孟子·公孙丑上》中有句话"君子莫大乎与人为善"，意为君子最高的德行就是和他人一道行善，行善自古以来就被视为一种高尚的道德品格。 12 米高的大桥，可能大多数人只要站在桥边就会两腿发颤，但彭清林果敢地跳了下去。 这一跳不仅挽救了一条生命，也感动了网友，感动了社会，然而这一切却被他视为不过是一次"陌生人之间的小小善举"。

在我看来，彭清林这次的"小小善举"是偶然，更是必然。 他在童年时曾经溺水，后来被人救起。 有一次骑行去西藏时遇到冰雹，陌生骑友邀请他烤火并送上干净衣物。 因此他做的许多善事，都是在回报曾经被人帮助的恩情。 他会在下雨天送外卖时把准备好的雨伞送给其他人，会帮助路边的老奶奶扛饮用水。 他说，我们大多数人这一生有可能只会见一面，从此不再有交集，但在这一面之交里，人们仍然可以互相帮助，无论大小事。 可以看到，彭清林的心灵始终被温暖和善意包裹着，而他自己也始终坚持把这份温暖和善意传递给身边的每一个人。

在这个物欲横流的社会，每个人都可能在追求名利的道路上迷失，但总有一些人、一些事会在不经意间直抵心灵深处，触碰到心底最柔软的部分，让我们感动得泪流满面。 无论是帮助贫困女孩们实现上学梦的最美"奇迹校长"张桂梅，还是燃烧自己照亮大山里孩子前程的山区小学校长张玉滚，抑或是蹬车 19 年捐款 35 万元资助贫困学生的白方礼老人，正是这一个个熟悉的名字、一段段感人的事迹，让我们感受到来自这个世界的善意和温暖。 面对枯燥的生活、工作的不易，有人会抱怨，但我们更要像彭清林、张桂梅、张玉滚、白方礼们一样，身体力行去传播善意、传播美好、传播正能量。

善意需要被保护。 彭清林跳江救人后，我们可以看到外卖平台为其垫付了全部医疗费用，还帮助他申请到了上大学的机会，某公司也承诺为其提供一份工作。 他不仅得到了奖励，也获得了一份保障。 见义勇为意味着面对危险挺身而出，置自身安危于不顾帮助他人，是社会主义核心价值观所倡导的。 从古至今，我们一直都在价值观念上提倡见义勇为，并且有相应的激励机制。 在如今的市场经济条件下，见义勇为更是一种难能可贵的道德品质，更需要我们去弘扬、去宣传。 提倡见义勇为，不仅要褒扬这种利他主义行为，还要切实保障好见义勇为者后续的各项权益，不让流血者流泪，让好人得到好报。 不仅侧重奖励的形式、内容、分量，更要加大相应权利的保障力度，充分考虑到见义勇为给自己带来的各种后果，比如致伤、致残、牺牲等，保障好见义勇为者及其上老下小应享的权利；不仅解除见义勇为者的后顾之忧，更为那些想要见义勇为的社会民众打消顾虑。 北京大学的一位副校长在谈到南京彭宇案件时说："看到老人摔倒了你就去扶。 他要是讹你，北大法律系给你提供法律援助，要是败诉了，北大替你赔偿。"这段话被网友誉为"撑腰"式表态，希望完善的法律法规和制度规定能成为见义勇为者最坚强、最有力的后盾，不仅为见义勇为者撑腰发声，更为高尚的道德品质站台代言。

善意需要被传递。 我们每一个人不仅是信息的接收者，同时也是传播者，面对网络上、现实中纷繁复杂的各类信息，我们应当保持理性、认真辨别，做善意的传声筒，不做恶意的放大器。 我们每一个普通人在面对危险时可能会胆怯、会害怕，也许做不到跳江救人这样的伟大举动，但我们仍然可以用自己的方式去表达善意，也许对生活中遇到的失利者轻声说出的一句"加油"，对网络上陌生的倾诉者默默留下的一句安慰话语，就能帮助他们走出阴霾，重新燃起生活的希望。《道德经》言："天道无亲，常与善人。"意为天道公正从来不偏私，却总会眷顾帮助善良的人，善良的人总会得到相应的福报，总会在不经意间带给你好运。 经常传递善意的人，定会被生活善意对待，而人心就像一片土地，善意的种子慢慢播撒，就一定能盛开出美丽的花朵，沁人心脾的花香也一定会传播给周围的人。

纷繁人世间，总有人会给世界带来长叹、带来愤慨，也总有人让世界温暖着、美好着。 愿我们每一个人都拥有善意、传递温暖、收获感动！

致力于红色传承的民间力量

王锦春

《左传》有云：国之大事，在祀与戎。《元史》有云：一人兴善，万人可激。《三国志》云：天地英雄气，千秋尚凛然……一个人，可以让一万个人受到激励。 我们崇尚英雄，纪念英雄，仰慕先贤的文化，已融入中华民族的血脉里。 顶天立地的英雄气概，历经千秋万代亦凛然存在。

在多次的红色记忆采访中，我常常被一些人或事所感动。革命英烈舍生取义，他们的故事惊天动地，永续流传。 基层，普通的人流中，总有一些人钟情红色传承，高唱英雄赞歌。 相较于前者，后者常常不为人所知，甚至不被人理解，但他们是红色传承的民间力量，也同样值得关注与称颂。

扶沟县烈士陵园，有一座小何庄战斗烈士墓，简短的碑文介绍了小何庄战斗的大致情况。 扶沟解放前夕的这场战斗，牺牲了多少同志？ 他们是谁？ 战斗前后有哪些难忘的故事？

随着时间的推移，许多人和事就被逐渐淡忘了。 这是很可怕的，直到有一位老人站出来去解答这些问题。 从 2003 年秋开始，已经退休的扶沟县文联原主席唐贵知，自觉、自愿、自费踏上了调查小何庄战斗的艰苦历程。 两年时间，他到太康、扶沟两县 10 多个乡镇 50 多个村庄，先后采访 300 多人次，录制了 28 盘原始录音带，拍摄了 300 多张照片。 退而不休、心甘情愿调查烈士的事迹，有时候并不能得到别人的理解。 有人说他自费去干这事，骑着自行车满世界跑，弄得一身灰、一身汗，图的啥？

经过两年的不懈努力，唐贵知厘清了小何庄战斗的来龙去脉和详细情节，撰写了《小何庄壮烈战歌》一书。 唐贵知执着坚守，将流传于民间的一场惨烈悲壮的战斗，变成了可以传播久远的红色记忆。

2010 年的清明节，我们到商水县大武乡堂李庙村采访。村头有多座无名烈士墓，解放战争时期我军 100 多位战士牺牲后集体葬在这里。 村民李油锤义务看护烈士墓 10 多年，没有向村里要过一分钱。 李油锤的二儿子在部队服役时，为救一名落入机井的村民，英勇献身。 李油锤成为烈属后，常常想起村头的那些无名烈士。 他想为无名烈士建一座陵园，不停地写修建烈士陵园的设想，不停地向上级写信。 他打印材料，寄挂号信，靠的就是每月二三百元的烈士抚恤金。 李油锤越想越多，近乎痴迷。 有人说他是神经病，他不管这些，"只要能建好烈士陵园，谁想说啥谁说啥"。

10 多年过去了，李油锤这位朴实农民的形象，时常萦绕在我的脑海里。 那时，他凭一己之力，想修建烈士陵园，不知道有多难，更何况他只是一个普通农民。 几年之后，情况发生了变化。 为褒扬革命烈士精神，党和政府制定了更为完善的措施，分散的烈士遗骨集中安葬，一个个烈士陵墓、纪念碑等，或修复或兴建。 现在看来，又不得不佩服李油锤这位农民，他执意要做的事正是我们应该做的，也是我们正在做的。

　　太康县三官庙村村民王锦敬，感念祖父辈中有几位参加抗战，有的还成为烈士，四处收集革命文物或纪念品，在村头的三官庙旧址自费办起红色展览。 虽然困难重重，但他始终没有放弃，在困境中前行。 如今三官庙革命纪念馆在当地有了名气，成为爱国主义教育基地。

　　红色传承中的民间力量还有许多。 金训华为抢救国家物资牺牲，陈健默默为战友守墓 36 年。 广西桂北湘江两岸农民收养掉队红军战士，保护红军坟墓。 位于四川的建川博物馆里，3 万多件文物"讲述"抗战故事，闻名全国。

　　《左传》有云：国之大事，在祀与戎。《元史》有云：一人兴善，万人可激。《三国志》云：天地英雄气，千秋尚凛然……一个人，可以让一万个人受到激励。 我们崇尚英雄，纪念英雄，仰慕先贤的文化，已融入中华民族的血脉里。 顶天立地的英雄气概，历经千秋万代亦凛然存在。 三国英豪、岳家军、杨家将……5000 年的文明史，英雄人物灿若星辰，从崇尚英雄、成就英雄，到英雄辈出，闪耀在英雄身上勤劳勇敢、自强不息的中华民族精神，成为 5000 多年中华文明的鲜明标志。

为了让中华民族站起来，千千万万个中华民族优秀儿女抛头颅、洒热血。新中国成立前 28 年的奋斗历程，有千千万万人献身，绝大多数是无名烈士，他们是民族的英雄。我党高度重视红色传承在发掘典型、激励先进、引领社会风气方面的重要作用。毛泽东的题词"生的伟大，死的光荣""人民英雄永垂不朽"，是对革命英烈的最高褒奖，也代表了全体中华儿女的心声。党和国家设立"抗战胜利纪念日""烈士纪念日""国家公祭日"等重大纪念日，举行具有典礼性的纪念活动，构筑功勋荣誉表彰制度体系，充分彰显了中华优秀传统文化的时代意义。

中华民族素有感恩之心。人民把英雄看得比天高、比山重，以特有的方式感恩、感谢、崇尚英雄。其实，无论我们是否关注，民间力量传承红色文化一直在行动：一个人、一个家庭，或者一个小团队，毫不起眼；力量不大，要么力所能及，要么负重前行；自愿、自觉，其间多少苦与泪，多少付出与误解，默默承受，凭着良心，凭着感情，坚守承诺，两年三年，八年十年，甚至一辈子。他们用最真挚的情感、最朴实的行动，守护烈士墓、收集英烈事迹、照料英烈后人、讲述英烈故事……他们在传承的同时，以自身行动不知不觉地为后人树立了榜样，让更多人看到真善美，从而见贤思齐、争做先锋。 涓涓细流般的民间力量，汇聚成全民全社会参与的强大传承洪流，英雄精神代代相传。

新时代新征程，中华民族伟大复兴迎来前所未有的光明前景。 时代需要更多的英雄，需要更好地发挥英雄典型引领作用。 在这场伟大精神的传承中，民间力量发挥着重要作用，是一支不可缺少的生力军。

"华坪"何曾有"神坛"?

宋立民

子曰:"君子敬而无失,与人恭而有礼。"意思是言行须辞色恭谨,合乎礼节。大V随意秽语泼人,大大有违"己所不欲勿施于人"的古训,我们不能不发问:"人而不仁如礼何?"

高考放榜后,几家欢乐几家愁——这是常态。毕竟,年年都有超常发挥的,有遗憾失常的。然而,张桂梅老师再次因"没有清北学生"上热搜,却为吾侪始料不及。

有15年呕心沥血办免费女高的历史在,有1800多个女孩儿命运改变的现实在,张桂梅老师的故事自不必多讲。无奈2023年高考之际,坐拥百万粉丝的某大V出语惊人,剑指张老师:"华坪女高至今没有清北学生,都是刷题背书!""13年了,是时候让她走下'神坛'了!"

网络时代,言路大开,似乎除了大V等"意见领袖",各路英模都是要"走下神坛"的。不过,具体到张桂梅老师,对照儒家先贤的经典论述，我至少对某大 V 有四点小小的疑问。

首先，华坪何曾有"神坛"？ 打开华坪县政府网站即可知，至 2020 年，"华坪县虽不是贫困县，但有省级贫困乡 3 个、深度贫困村 10 个，贫困人口超过 1.7 万人，2014 年贫困发生率为 15.11%，比省内部分贫困县贫困人口更多、贫困面更广、贫困程度更深，扶贫开发任务更重"。 正是因为不忍看到山村女孩子贫困、辍学、嫁人而走不出山沟，张老师才带着一身病痛四处奔走、倾心办学——国家、地方、女童、学生家长……给予感谢乃至奖励，看重的恰恰是她脚下的教室、操场、田野、山路。 这个进京开会都穿着破洞裤子的"草根"，何时何地何故被供上了"神坛"呢？ 子曰："君子敬而无失，与人恭而有礼。"意思是言行须辞色恭谨，合乎礼节。 大 V 随意秽语泼人，大大有违"己所不欲勿施于人"的古训，我们不能不发问："人而不仁如礼何？"

其次，莫非仅清北才是"神坛"？ 华坪女高在县里似乎也算"名校"了，然而，在丽江市、云南省乃至全国，就是再普通不过的高中，如果用"清北标准"衡量，自然距离不小。不过，全国考生 1291 万人，清北能够招多少人？ 不是都要看起跑线吗？ 小县城的生源、师资、设备，与省城是比不得的，何况还全是女生。 而且，即便高中是全国名校，清北录取线又如何能一概而论？ 北京考生的录取线与咱们河南考生能比吗？ 如今高考放榜，华坪女高 159 名考生中 17 人考 600

分以上，70 人超过一本线，本科上线率达 94.3%。 某大 V 仍然视而不见，继续咬住"没有清北学生"喋喋不休，可惜此举与儒家文化的一视同仁、"以德报德""躬自厚而薄责于人"的宽厚，相去不可以道里计也。

张老师探索出了适合山区女孩子学习的经验与方法。 如此兢兢业业、恪尽职守，正是大力践行儒家"学而时习"终生不渝、"文行忠信"四教合一的教育原则，即便让孔夫子评价，也与"诲人不倦"的原则丝丝入扣，不知道大 V 是否有更加"多快好省"的秘诀，能够让娃娃们一下跃龙门，羞煞张桂梅老师？

最后，为什么揪住张老师不放？ 开始，我思而不解：大 V 及某些教授、专家，为什么常常睁眼说瞎话而毫不脸红呢？ 为什么连常识与底线都不讲了呢？ 后来才明白，"流量经济"时代，流量就是硬通货，点击即可变现——那是人家赖以为生的经营策略。

你就是骂得他狗血喷头，流量仍然是金光灿灿。 所以，他们必须死死抓住吸引眼球的新闻点——高考、清北、名人、英模、神坛……哪一项都窥得见财源滚滚——在他们看来，尊严与底线不过是浮云，有钱不赚才叫愚蠢。

孔子屡次曰"君子义以为上""君子义以为质"，万万不得"见利忘义"。 他老人家表白自己："不义而富且贵，于我如浮云。"按照儒家古训，说一句"小人喻于利"，当不算是人身攻击吧。

2023 年 6 月 7 日，看到媒体上"张桂梅老师连续 13 年送考"的图文，我在心里祈祷 2024 年还能看到她送考的身影。当然，某些大 V 不会在意这些，他们在意的只是自己是不是因流量、粉丝大增而赚得盆满钵满。

从《长安三万里》说起

王凯杰

"大鹏一日同风起，扶摇直上九万里。"这是伟大诗人李白青年时期仗剑远游时写下的诗句，每每读起都能令人感受到盛唐的磅礴气象。当代中国，江山壮丽，人民豪迈，前程远大，我们在千年发展、百年求索中淬炼的自信豪迈、自强不息的民族品格，已然成为我们构建命运共同体、携手前进向未来的力量源泉。

2023 年上半年，国产电影《长安三万里》票房突破了 17 亿元，热度和口碑都引爆了电影暑期档。影片以高适、李白的生活交际为主线，串联 48 首经典古诗，靠着博大精深的古典诗词文化，掀起了"电影院背书"的热潮。影片票房之所以能一路狂飙，除新技术手段运用、全新的内容呈现形式、较好的观感体验外，中华优秀传统文化所赋予影片的内核力量自然也是重要因素。

这让我不由得想起了 2022 年在周口这片人文沃土上涌现出的广受好评的节目"现象级文化产品"《考古周口》及文化访谈栏目《典籍周口》，它们立足周口本土文化资源，将专业性与普及性、真实性与互动性、历史性与现代性有机融合，为公众奉献了精彩的文化大餐，全网总点击量超 4.5 亿人次。两者虽类型不同，但实质相通。它们都秉持客观、科学、考究、严谨的态度重新审视中华优秀传统文化的"DNA"，以更容易被接受的方式走进公众视野和内心，实现了传统文化和现代技术"1+1>2"的传播效果，以不同的方式证明了传统文化的号召力，走出了一条别具特色、独具风格的中华优秀传统文化创造性转化、创新性发展之路。

正所谓：为世用者，百篇无害；不为用者，一章无补。《朗读者》《中国诗词大会》《典籍里的中国》《唐宫夜宴》……一波又一波的文化类节目走红的背后，不仅可以看到节目制作过程的"用心"和"用新"，最主要的是它承载了社会公众对中华优秀传统文化的情感认同、时代表达和由衷热爱。也从不同侧面说明，当下的社会群众对于中华优秀传统文化的认识不再是蜻蜓点水、浅尝辄止，而是追求全面的了解和深层的认知。对于传统文化的追求也不再是充当门面、装点自我，而是实现内心的丰盈和世代的传承。其实，无论是出圈的文化节目还是兴起的"博物馆热"，这些现象都说明了只有为人民服务、为社会主义服务的题材和作品才最有感染力和生命力，最关键的是它以全新的视角和多元的表达，唤醒了厚植于每个人心中那份深沉的家国情怀和坚强的文化自信。伴随着中华民族伟大复兴的铿锵步履，这种"为世所用"的作品一定会越来越多、越来越好。

唐代李汉在为老师韩愈所写的《昌黎先生集序》中指出："文者，贯道之器也。"这里的"文"可泛指文字、文章、文学作品和文艺创作等，"贯"可以理解为贯穿、链接、宣传、展示的意思，"道"指的就是思想观念、社会道理、价值取向等。意思是说，"文"是传播真理、讲述道理、阐释伦理的工具，其理念和内涵与"文章合为时而著""文以载道"都较为趋同，都是以传播价值观为基础，以凝聚思想共识为目的。从泱泱华夏到一地一域，这种"贯道之器""载道之文"的力量都至关重要。这也启示我们不仅要深刻领悟中华优秀传统文化的精髓，更要真切感知其现实价值和时代内涵；不仅要旗帜鲜明、坚定科学地反对历史虚无主义，更要在守正创新中推动中华优秀传统文化繁荣发展，多用时代视角、群众语言、思辨态度、多元方式去讲历史、讲文化、讲故事、讲道理，在增强情感认同中持续涵养文化自信，真正让正确的历史观、民族观、国家观、文化观厚植到每一个人的内心深处，这才是我们奋进新征程、建功新时代的力量所在、底气所在。

"大鹏一日同风起，扶摇直上九万里。"这是伟大诗人李白青年时期仗剑远游时写下的诗句，每每读起都能令人感受到盛唐的磅礴气象。当代中国，江山壮丽，人民豪迈，前程远大，我们在千年发展、百年求索中淬炼的自信豪迈、自强不息的民族品格，已然成为我们构建命运共同体、携手前进向未来的力量源泉。 国如此，家亦如此。 在我们美丽的家乡，"道德名城　魅力周口"——这一承载人民寄托、彰显时代力量的文化名片，也日渐成为闪亮的城市标志和共同的价值追求，文化的力量正发挥着关键变量的作用，推动古老又年轻的临港新城迸发出无限的生机和活力。

怎样获取真正的幸福感

黄佳

> 我面对过很多复杂的诱惑，不成熟的自己也曾追逐浮名虚利，在患得患失中痛苦挣扎！ 同时也明白了"企者不立，跨者不行"的含义——踮起脚想要站得高，反而站不稳；走得太快、步子迈得太大，反而走不远，只会在急功近利、欲望驱使中让幸福远去！

这几日，一位好友的火气似乎比蒸腾的暑气更甚。 一大早，一串微信语音倾泻而来："我抑郁了！"我还没来得及问原因，好友又一波语音潮涌而来："这几年早出晚归，拼命工作，好不容易有点积蓄，去年和朋友一起创业，又全部赔进去！""更要命的是，孩子到了青春期，每天家里都鸡飞狗跳。"

好友的家境还算不错，父母退休，身体健康，爱人体贴。这几年，她勤奋上进，工作努力，最大的目标就是拥有很多财富，开上豪车，给孩子衣食无忧的生活。

稍稍安抚了好友的情绪，我心中生出几多感慨：生活不易，当我们全力以赴时，或有鲜花和诱惑，或有纷扰与挫折，去哪里寻求一份遮风挡雨的智慧？

就从《道德经》中寻求那穿越时空的智慧，寻找生命的价值与意义，找回那些曾经的幸福吧。《道德经》第十二章："五色令人目盲，五音令人耳聋，五味令人口爽，驰骋畋猎令人心发狂，难得之货令人行妨。 是以圣人为腹不为目，故去彼取此。"翻译成白话文就是：五彩斑斓的色彩，使人眼花缭乱；嘈杂的音调，使人听觉失灵；丰盛的食物，使人舌不知味；纵情狩猎，使人心情放荡发狂；稀有的物品，使人行为不轨。 因此，圣人但求吃饱肚子而不追逐声色之娱，摒弃物欲的诱惑而保持安定知足的生活方式。

此章当中，老子认为，困扰人心的五大元素分别是五色、五音、五味、猎杀和珍贵的物品，每当我们醉心于这五大元素或者其中任何一种的时候，都觉得是在享受，但事实恰恰相反，此时的我们已经被物欲所影响、所控制，丧失了精神的主权，这样的生活怎能不苦？

也许有人会说，老子这是让我们保持消极的生活态度。非也。 我们生活在一个物质文明和精神文明都相对发达的时代，衣、食、住、行、用的标准都有了极大提升，在享乐主义泛滥的今天，五色、五音、五味等深深刺激着我们的欲望：购买一辆普通的汽车后想要换更奢华的汽车，换一套 200 平方米的房子后想要换更大的房子……我们的幸福感越来越建立在对外部物质强烈刺激的依赖上，我们对幸福的感知越来越麻木！甚至，到最后我们的价值观和道德观也变得扭曲！

我的童年是在豫东平原一个小村子里度过的，现在的我依旧很怀念那里，怀念那夏季里的知了叫声，怀念那田野里的和煦春风，更怀念我坐在院子里的柿树下读连环画……那种幸福，经常出现在梦中。

人到中年，幸福感越来越淡薄不说，而且常常泛起一种无力感、焦躁感。我曾经反复思考这个问题，是时过境迁，还是物是人非？后来我读到《道德经》，顿时开悟。长大后，我面对过很多复杂的诱惑，不成熟的自己也曾追逐浮名虚利，在患得患失中痛苦挣扎！同时也明白了"企者不立，跨者不行"的含义——踮起脚想要站得高，反而站不稳；走得太快、步子迈得太大，反而走不远，只会在急功近利、欲望驱使中让幸福远去！

舍弃对光怪陆离生活的追逐、节制对物欲的追求，让自己的心回归宁静、纯净、简单，回归生命大道，追求精神的富足和生命价值的内在超越，才能获取真正的幸福！

清白家风不染尘

顾永磊

庄子说："至人无己，神人无功，圣人无名。"他认为，真正的人才应心胸开阔、广博豁达，能容万物于胸中。他主张，忠诚、恭敬、有能力、有心智、守信用、清廉、守节操、仪态端庄、不乱心智，是人才必备的品德，并应积极倡行清廉。

家风不正遗祸患，家风清廉惠久远。家风作为一个家庭世代相传的风尚，是一种薪火相传的文化和道德氛围，清廉家风是我们中华民族的传统美德，代代相传而来。

当下，在价值体系的某些方面存在失范，官场的腐败也是屡禁不止，还有某些富豪的不堪等丑恶滋生，直接影响了人们对社会道德的关注，家庭清廉风气的建立逐渐引起人们的高度重视。人们呼唤传统美德的回归、呼吁深挖社会腐败的毒瘤，而对清廉思想和清廉家风的传承正是人们对这种美好愿望的表达。

"清廉"的思想，早在战国时期的哲学家庄子就有体现，他不仅用清廉思想教化与感化后人，还为世人树立了清廉典范。

《庄子·说剑》载："诸侯之剑，以知勇士为锋，以清廉士为锷，以贤良士为脊，以忠圣士为镡，以豪杰士为夹。"这是"清廉"一词最早的出处。庄子喻清廉之士为锋刃宝剑，提醒为官者面对贪腐奢靡时应保持戒惧之心和敬畏之意。

庄子说："至人无己，神人无功，圣人无名。"他认为，真正的人才应心胸开阔、广博豁达，能容万物于胸中。他主张，忠诚、恭敬、有能力、有心智、守信用、清廉、守节操、仪态端庄、不乱心智，是人才必备的品德，并应积极倡行清廉。庄子把清廉作为治国、治家和人生的标准，用大智慧告诫后人，要有"清静无为""忘我无欲"的境界，内心素净，才不会受世俗诱惑，置功名利禄和权力于身外，从而丰富清廉之道的内涵。

庄子一生淡泊名利，不慕富贵，不求功名，虽然生活穷困，依然视钱财如粪土。他乐于做漆园吏这样的小官，也不接受楚威王的重金聘请。他善于调节自己的心态，淡泊名利、超然通达。他"乘天地之正，而御六气之辩，以游无穷"，在自己的天地里享受闲适，让心灵进入自由、快乐的状态，并始终保持廉洁、正直而颇有棱角，以恣肆汪洋、立意悠远、傲骨铮铮的逍遥人生，走出了一条清廉之道。

看到世人向往富贵功名而付出了遗忘或遗弃自我的代价，庄子提出必须遏制贪欲，只有清廉的人生，才能活出坦然。他认为，堵塞利欲的洞穴，发觉悟之心，节制欲望，就会没有忧虑，也是升华生命价值的最好选择。

庄子从人的生命现象入手，看穿人的生命本体，提出一系列修行指针，最后抵达清廉的境界。他的清廉思想，蕴含着朴素的辩证法和清廉之道，他认为"天道无为"，一切事物都在变化，人的生命除身与心之外，还有灵性的层次，正是这种层次，丰富了庄子的清廉思想，用"道"开了廉政文化的先河。

时至今日，清廉思想的引领和传承，已凝聚为一种精神的传承和情感道德的教化。现实中，很多家庭特别是党员干部从庄子的清廉思想中汲取了营养，重视家风建设，廉洁修身、廉洁齐家，用好家风传承清廉之风。党员领导干部要从我做起、从修身齐家做起，在管好自己的同时，严格要求配偶、子女和身边的工作人员，在小事小节、一点一滴中培育和建设良好家风。

对于每一个家庭来说，清廉家风关乎的不仅是一身之进退、一家之荣辱，更关系到党风、政风、民风的好坏。所以说，清廉家风涵养作风、折射党风、关乎政风、影响民风。

"清白家风不染尘，冰霜气骨玉精神"，学习传承庄子哲学思想的精髓，在传统文化中汲取营养和智慧，需要我们从自身做起，从每个家庭做起，让清廉之风吹进每一个家庭，营造浓郁的廉洁家风氛围，让我们更加相信真善美，让社会更加积极向上，将清廉之风传承下去，实现全社会的风清气正。

少些戾气　多些静气

刘猛

> 我们自古讲究仁者爱人，礼敬他人，宋明理学家更是提倡"主静"来涵养道德。现实生活中，不少人既骄且躁，喜好大发议论，在泄愤无处的网络大军中逐渐丧失了最基本的文化素养，"胸怀洒落如光风霁月"的人格理想对大多数人来说越来越遥不可及。

晚清名臣曾国藩上承三省吾身的儒家信条，"凡日间过恶：身过、心过、口过，皆记出，终身不间断"。翻开《曾国藩家书》，处处可见他时刻以道德节气严于律己，甚至对家族中的兄弟子侄也提出同样的要求，"余固恐弟之焦灼也。一经焦躁，则心绪少佳，办事不能妥善；余前年所以废弛，亦以焦燥故尔。总宜平心静气稳稳办去"。曾国藩所处的历史时期，内忧外患，学术风气流于空疏，社会上到处弥漫着一股戾气。

在网络时代的滚滚浪潮中，人们获取的信息是前所未有的丰富，但碎片化的阅读致使人们的大脑习惯于这种快节奏、浅层次的思维方式，甚至有的人片面讲求活在当下、活在虚拟的网络世界中，忽视了现实世界之于我们人生的意义。各大网络社交媒体上的一点风吹草动，往往会引起千万人围观并评头论足，浅薄、急躁、愤懑的语句随处可见，甚至因观念有所不同，在网络平台上互相攻讦。不少网红博主趁机吸粉引流，"吃瓜群众"看热闹不怕事大，到处是质疑声，随处是谩骂的评论，怪不得都说"评论比正文更精彩"。

近年，网络暴力频繁发生，轻则毁人声誉，重则间接害人性命。鲁迅先生说他从写满仁义道德的古书中看到了"吃人"二字，我们也从满天飞的网络谣言背后隐约看到了杀人诛心的同恶相济。各种标题党，时不时为网络戾气的滋生添油加醋、煽风点火，再平静的心情也难免遭到破坏。暴躁的人们、浮躁的言语，让虚无主义不时抬头。我们自古讲究仁者爱人，礼敬他人，宋明理学家更是提倡"主静"来涵养道德。现实生活中，不少人既骄且躁，喜好大发议论，在泄愤无处的网络大军中逐渐丧失了最基本的文化素养，"胸怀洒落如光风霁月"的人格理想对大多数人来说越来越遥不可及。

其实，网络自诞生之初就肩负着为人类提供便利、构建社会共同体的使命。社会戾气的多与少，最终取决于使用这些网络平台的大众。"君子不器"，我们不能拘泥于手段工具而不去思考使用其背后的意义和目的，只管私利，不顾公益。

须知网络上发表言论只应是平实地说实话、求真理。 一句话，网络应该是一个戾气少而静气多的地方，应该是一个古今优秀文化交融的美好园地。

因此，身为现代人应该好好利用网络，从阅读经典中汲取待人待己的智慧，让网络成为我们弘扬社会正气的坚固堡垒、移风化俗的得力助手。 在是非争论面前多些理性、多些思考，切勿人云亦云、随波逐流；在与人交往中，坦诚相待、忠恕为先，切勿以利相交、满腹狐疑；在反观社会不良现象时，放平心态、换位思考，多些静气、志气与正气。

生活中总会出现这样或那样的问题，未知的各种灾难也可能随时降临人间，但只要人们不被戾气淹没，守住基本的人格，努力做一个静而后能安的人，那么情况再坏也终究有个底线，社会也会平添一份诗意。

说"俭"

陈大明　陈辰

咱们的伟大圣贤老子看得更准确，说得更到位。他在《道德经》第六十七章提出："吾有三宝，持而保之：一曰慈，二曰俭，三曰不敢为天下先。"还联系春秋末年的社会现实，以正反对比的说理方法，进一步说明"慈，故能勇；俭，故能广；不敢为天下先，故能成器长"。

"俭"，大家不生疏，启蒙书《弟子规》里就告诫孩子"对饮食，勿拣择。食适可，勿过则"。而古代典籍中关于"俭"的主张更是不绝如缕：《周易·否》有"君子以俭德辟难"，《尚书·大禹谟》有"克勤于邦，克俭于家"，《论语·述而》有"奢则不孙，俭则固。与其不孙也，宁固"，《墨子·辞过》有"俭节则昌，淫佚则亡"，《左传·庄公二十四年》有"俭，德之共也；侈，恶之大也"……唐朝诗人李绅《悯农》中的"谁知盘中餐，粒粒皆辛苦"，更是尽人皆知。"俭",作为中华民族的传统美德,其影响和作用是非常大的。

近年,随着城乡居民收入水平的提高,好面子、爱攀比的陈规陋俗有所抬头,红白事讲排场、比阔气,铺张浪费现象严重。其实,很多人内心对红白事大操大办是反感的,想节俭,又怕被人瞧不起,不得不打肿脸充胖子,缺乏抵制的勇气。乡村办一场喜事,豪华车队、乐队、歌舞表演都要有,用餐的费用一家比一家高。为了显示阔气大方,有的甚至连续摆四五天宴席待客。城里也一样,大多是宁可让客人吃不完打包掳走,也不能看起来没面子。

对"俭",咱们的伟大圣贤老子看得更准确,说得更到位。他在《道德经》第六十七章提出:"吾有三宝,持而保之:一曰慈,二曰俭,三曰不敢为天下先。"还联系春秋末年的社会现实,以正反对比的说理方法,进一步说明"慈,故能勇;俭,故能广;不敢为天下先,故能成器长"。老子说明了"三宝"也包括"俭"的积极作用,但让老子痛心疾首的是"今舍慈且勇,舍俭且广,舍后且先,死矣"。春秋末年老子所面对的世态万象,恰恰与"三宝"的要求背道而驰。因此,"死矣"的忠告非常直接与中肯。可悲的是,当时的周王和诸侯国君、权贵们并未把老子的告诫听进去,依然行走在多私多欲、奢侈腐化的歪门邪道上。所以,才有《道德经》第九章"金玉满堂,莫之能守;富贵而骄,自遗其咎"和第十二章"五色令人目盲,五音令人耳聋,五味令人口爽,驰骋畋猎令人心发狂，难得之货令人行妨"一针见血的揭露。也有第二十二章"少则得，多则惑"、第二十九章"圣人去甚，去奢，去泰"、第四十四章"甚爱必大费，多藏必厚亡。故知足不辱，知止不殆，可以长久"的谆谆告诫。老子的话不难懂，遗憾的是，这种直面社会现实的告诫被人当成了耳旁风，不少人以"俭"为耻，以"奢"为荣，尤其是手里有了一些钱后，就更加有恃无恐、处处显摆了。

"俭"是君子之德。作为道德规范，勤俭必节用，不奢不吝，无论是修身齐家，还是管理国家，"俭"都是必须具备的品质和要求；否则，为人必荡，理家必穷，治国必败。纵观历史上的各朝各代，凡是荒淫无度的帝王，大多无所作为，导致国势衰弱；许多亡国之君之所以亡国，奢侈浪费是其中的一个重要原因。当然，历史上也不乏以节俭为荣、以奢侈为耻的人，诸如晏子、刘恒、刘秀、司马光、海瑞等，他们或身为帝王，或身为大臣，要想奢侈挥霍并不是做不到，但他们识大体、立大义，高风亮节，他们节俭的事迹和精神至今仍被传扬。

令人欣喜的是，随着"道德名城 魅力周口"建设的推进和中华优秀传统文化在新时代的创造性转化和创新性发展，以勤俭节约为荣、奢侈浪费为耻的道德价值观深入人心，并体现在城乡居民的实际行动中。不少城市和乡村为破除红白事大操大办之风，树立文明节俭的乡风民俗，注重发挥红白理事会的作用，选举有威望、有组织能力、热心替群众操持事务的能人为会长，大力倡导婚事新办、丧事简办、厚养薄葬，树立了勤俭节约的文明新风。

重视无用之用

李娜

> "有用"和"无用"并没有绝对的界限。人称"无用"者，大多是眼下"无用"，或不知其用，或者因为条件所限不能发挥物当时的价值。一旦条件发生变化了，物的功能和功用也会发生变化。

在现实生活中，人们往往只重视"有"的价值，而忽视"无"的作用。近年，随着就业压力的增大和生活内卷的加重，新的"读书无用论"不绝于耳、甚嚣尘上，内卷、躺平流行一时，人心变得越来越浮躁。很多人把读书作为人们获取利益的工具，将教育理解为培养某种技能的速成工具，这些正是当今急功近利之下教育事业的问题所在。甚至高考报志愿时，人们也多从实际功用来评价，对一些冷门专业冷漠冷淡。衡量读书受教育有没有用，不光有金钱和实用这一个维度。有人读书得到了心灵安宁，有人读书改善了家庭关系，有人读书学会了新的技能，也有人读书提升了思考认知水平。许多人往往看到了实际功用"有"，而忽视了烘托孕育这些实际功能的背景"无"。其实，那些常常被世俗所鄙视的"无"是大有作用的。

《道德经》第十一章云："三十辐共一毂，当其无，有车之用。埏埴以为器，当其无，有器之用。凿户牖以为室，当其无，有室之用。故有之以为利，无之以为用。"这里有三个比喻：三十根辐条汇集到一根毂中的孔洞当中，有了车毂的中空，车才有作用；把黏土放进模具做成器皿，有了器皿的中空，才有器皿的作用；开凿门窗建造房屋，有了门窗四壁内的空虚，才有房屋的作用。老子通过这三个比喻来阐述有无相生的过程，建议人们不仅要接受事物"有用"的价值，更要接受"无用"这样一种特别的存在状态。"有用"和"无用"的结合，才是世界的本来面目："有"之利和"无"之用，共同构成了丰富多元立体的世界。

"有用"可以看见，可以量化，可以感知，属于硬件。而"无用"则看不见、摸不着，只能预测预感，属于背景和基础，需要综合把握。世俗之人只盯着"有用"和"实用"，无视"虚""空""无"。老子用具体的器物告诉人们，"有"和"实"是事物的条件和凭借，事物能发挥功用则需要"空"和"虚"。人们受眼光限制，受性格限制，甚至受心情限制，只顾一时之用，不知长远之用，善于用小，不善于用大。

"有用"和"无用"并没有绝对的界限。人称"无用"

者，大多是眼下"无用"，或不知其用，或者因为条件所限不能发挥物当时的价值。 一旦条件发生变化了，物的功能和功用也会发生变化。 人常说：垃圾就是放错地方的资源和宝贝。 一个器物"有用"或"无用"，是根据它所置身的环境和条件来定的，条件和环境发生变化，器物的价值也会发生变化。

实际上，那些看似"无用"的东西常常在为我们积累深厚的基础和功力：很多科学最开始都不是为了使用，而只是看似无聊、"无用"的产物。 被苹果砸中脑袋的牛顿，如果忙于生计，怎么会想到万有引力？ 如果仅仅从字面上纠结"1 + 1 = 2"，又怎么会理解陈景润的价值？ 如果不是无意中点燃了一张荧光纸板，威廉·伦琴又怎能发现 X 射线？ 有时，"无用"和"有用"甚至是一件事情的两个阶段和过程，长期甘于默默无闻的"无用"的积累，方有喷薄而出一鸣惊人的成就。 这些"学不致用"的案例，却产生巨大的"将来之用""潜在之用"，充分证明了"无用之用方为大用"。

如果说"有用"是术，那么"无用"就是道，"有道无术，术尚可求；有术无道，止于术"。 人生最重要的东西，其实大都没有什么用：正义、自由、尊严、知识、文明，这些在灰暗时刻推动、拯救人的力量，对很多人来讲没有用。 但是，从根本上说，这些才是人生的珍宝，经得起不懈的追求。因为，人生并不是拿来"用"的。

庄子顺着老子的思路往下走，批评目光短浅、狭隘的人说:"人皆知有用之用,而莫知无用之用也。"庄子认为无用之用是大用。 庄子与惠子聊天说,世上的一切东西都有它的用处,而惠子则不这么认为。 庄子举例子来论证他的思路是对的。 他对惠子说:"你所站立的土地给了你支撑,对你是有用的,对吧?"惠子说:"当然是的。"庄子接着说:"那我把除了你所站立的一块土地的其他地方都挖掉,你所站立的土地还能支撑你吗?"惠子回答:"当然不能。"庄子说:"这就是无用的用处。"这些看似没用的东西,会为我们的生存打下坚实的基础。

无法之法,是为至法;无用之用,方为大用。 爱因斯坦曾经用小提琴演奏来代替他的物理演讲,并认为这更容易理解。 化学家霍夫曼常用绘画象征性地表达化学方程式。 这些都告诉我们艺术就是逻辑,形象就是思想,"无用"促进"有用"。"有用"是看得见的大树,"无用"是看不见的根基,大树若要长得高大茂盛,根基就需要扎得更深。

"无用"需要我们有整体的视域、全局的眼光。 下棋和钓鱼怡养人的性情,培养人的心智;听音乐可以增强空间感知,促进语言、阅读能力的发展;和情投意合的朋友谈心可以滤去心底的浮躁,让身心沉静下来,获得前行的力量……换言之,休息、闲适是为了更好地工作,足够闲适能确保我们以"无用"滋养"有用"。

千里之行　始于足下

王健　吴继峰

老子说"千里之行，始于足下"，强调的是要立下"千里之行"的理想。老子的无为思想，并不是让我们浑浑噩噩、无所作为，而是要告诉我们怎样做才能顺应自然、日积月累，怎样做才能水到渠成、达到目标。

推动工作、打拼事业，一帆风顺的概率是不大的。创意有了，想法有了，但是想到世事难料、前路多艰，越发觉得心里没底，不少人还没迈出第一步，就打起了退堂鼓。那些本来还不错的思路、点子胎死腹中，终致日复一日碌碌无为。

"古之立大事者，不惟有超世之才，亦必有坚忍不拔之志。"创业艰难百战多，这是常态。但是只要我们勇敢地迈出第一步、踢开头三脚，并以坚持不懈的恒心和毅力向着心中的目标笃行，那就"没有比人更高的山，没有比脚更长的路"。

在《道德经》第六十四章中，圣哲老子指出："合抱之木，生于毫末；九层之台，起于累土；千里之行，始于足下。""合抱之木""九层之台""千里之行"这些远大的事物、宏大的目标，无不发端于"毫末""累土""足下"。荀子在《劝学篇》中也提出了和老子相近的观点。荀子坚信"积土成山""积水成渊""不积跬步，无以至千里；不积小流，无以成江海"，而且笃定地认为"锲而不舍，金石可镂"。

老子说"千里之行，始于足下"，强调的是要立下"千里之行"的理想。老子的无为思想，并不是让我们浑浑噩噩、无所作为，而是要告诉我们怎样做才能顺应自然、日积月累，怎样做才能水到渠成、达到目标。理想如火种、明灯，能引领我们以积极的心态走出平庸，实现多彩人生。没有理想的生活，犹如一潭死水，波澜不惊、毫无生机。没有理想的人，心似枯井，人生也是灰暗的。"孩儿立志出乡关，学不成名誓不还""大江歌罢掉头东，邃密群科济世穷"……古今中外的伟大人物、杰出人才，莫不是矢志不渝地坚守着自己心中的理想，正是这些伟大的理想，照亮了他们的前行之路，指引着他们九死不悔、拼搏奋斗，最终实现了伟大的抱负。

老子说"千里之行，始于足下"，强调的是坚持日进日新的躬行。唐代有位禅师，他的修行方式很特别，不住寺庙，不住庵棚，而是在大树上搭一个像鸟窝的棚子，人称"鸟巢禅师"。唐元和年间，时任杭州太守的白居易，听闻鸟巢禅师之名，于是前去拜访。白居易问："吾自小学佛，几十年来，还没有入门之处，请师父指教'什么是佛法大意'。"鸟巢禅师说："诸恶莫作，众善奉行。"白居易笑了，说："这不过是三岁孩童都会说的道理，何必用这教训我这个老头子呢！"鸟巢禅师说："这的确是三岁孩童都会说的道理，可惜许多八十老翁也没有做到啊！"鸟巢禅师这一席话，放在今天仍然值得人们深思。"世所相信，在能行，不在能言。"口中日行千里，脚下不迈一步，什么理想、什么愿景也不过是镜花水月，什么创意、什么思路也不过是纸上谈兵。

老子说"千里之行，始于足下"，强调的是实现"道法自然"的积累。老子提倡立言立行、日进日新，但是他并不鼓励任性而为、盲动蛮干，而是强调要遵循"道法自然"之原则。老子教导我们要做到心中有理想、前进有目标，但也明确反对好高骛远、心浮气躁。"天下难事，必作于易；天下大事，必作于细。"做事情三分钟热度，东一榔头西一棒槌，看似干得热火朝天，到头来哪一件事也干不好。定目标不切实际，违背规律去干，做起来必然不接地气、没有头绪，妄想挟山超海，也只会让我们碰得头破血流。

今天，你学习了吗

张君民

孔子曾根据学习，把人分为四个等次："生而知之者，上也；学而知之者，次也；困而学之，又其次也；困而不学，民斯为下矣。"

中国人自古以来就非常重视学习，大家耳熟能详的一句话是"学而优则仕"。但是，人们通常会将其望文生义地理解为，一个人通过自己的努力学习，考取功名，走上仕途。其实很多人不知道，这句话出自《论语·子张》，前面还有一句。原文为："子夏曰：仕而优则学，学而优则仕。"字面意思是出仕有余力就学习，学习有余力就出仕。

这句话的真正内涵到底是什么呢？宋代大儒朱熹给出了最精辟的解释："仕与学理同而事异，故当其事者，必先有以尽其事，而后可及其余。然仕而学，则所以资其仕者益深；学而仕，则所以验其学者益广。"（朱熹《论语集注》）他的意思是做官和学习虽是不同的事，却蕴含着一样的道理。 无论是学习，还是做官，都要先把当前的事情做好，精益求精，臻于至善。 其实，做官与学习并不矛盾，它们是相辅相成的关系。 做官时能知道自己真正需要学习什么，而学习又会让官做得更好。 用以促学，学以致用，用学相长。

朱熹的这段话对于领导干部"学思想、强党性、重实践、建新功"尤其具有启发意义。

我们许多人走上领导岗位之后，就不再重视学习，只满足于自己现有的知识水平，有的甚至毕业时什么样，现在仍然什么样。 还有一部分干部不去读原著悟原理，经常把刷抖音、看微信朋友圈作为学习的方式。 这不但不能提高自己的认知水平，反而会严重影响人的判断力，甚至会被负能量的东西引入歧途。 孔子曰："道听途说，德之弃也！"

其实，学习和做官是相得益彰、互相成就的关系，以学资仕，以仕验学，这才是孔子"仕而优则学，学而优则仕"的真正意义。 因此，作为领导干部，必须养成学习与工作"两手抓两手都要硬"的良好习惯。

孔子曾根据学习，把人分为四个等次："生而知之者，上也；学而知之者，次也；困而学之，又其次也；困而不学，民斯为下矣。""生而知之者"，这世界上凤毛麟角，我们大多数人都是"学而知之者"，如果工作生活中遇见困难和问题，还不知道通过学习去解决，而是见困难就躲，见问题就绕，得过且过，有的甚至选择了"躺平"，这样的人，怎么配当领导干部呢？

孔子曰："吾尝终日不食、终夜不寝以思。 无益，不如学也。"在信息技术飞速发展的今天，要想不被这个时代所抛弃，要想做一个党和人民信任的好干部，好好学习是最好的途径。 只有通过不断的学习实践，才能丰富知识，涵养德行，使自己具备更多独立思考、正确判断、认识事物、解决问题的能力！

日月如梭，时不我待！

今天，你学习了吗？

食为政首

李哲

> "一粥一饭，当思来处不易；半丝半缕，恒念物力维艰。"《朱子家训》提醒每个人都该保持节约粮食的高度自觉，敬畏"汗滴禾下土"的不易，在家吃饭适量，在外用餐合理点菜，养成剩菜打包的习惯，做"光盘行动"的践行者。

当下，婚宴、寿宴、聚会上的餐饮浪费现象屡见不鲜，即便是学校食堂甚至家庭里，也都不同程度存在浪费现象。 长期生活在都市里的现代人，有的甚至已经五谷不分了，对粮食的理解可能只是停留在《稻香》和《风吹麦浪》的歌词里。但我相信，有一点肯定不会改变：谷物依然会出现在热气腾腾的年夜饭餐桌上，"五谷丰登"依然会写进贺岁迎新的春联里，"远处蔚蓝天空下，涌动着金色麦浪"的场景仍能带给人们直击心灵深处的踏实和温暖。

中国人的饭桌上尊粮食家族为"主食"；"五谷丰登、年年有余"是中国人传承千年的期盼；中华人民共和国的国徽中间是五星照耀下的天安门，周围就是麦穗，充分说明了中国人对粮食的厚爱和重视。

金秋是农家最忙碌的季节，忙收获也忙耕种。农民们要及时抢收秋收作物，避免遭受霜冻和连阴雨的危害，还要适时早播越冬作物，为来年丰产奠定基础。一代代农人这样辛勤耕耘，把中国人的饭碗牢牢端在自己手中，这是对作物收获的最高礼赞。秋粮生产是周口市粮食生产的重要组成部分，2023年夏季，周口市小麦遭遇连阴雨，导致夏粮减产。千方百计夺取秋粮丰收，实现"夏损秋补"，意义重大。从2023年收获的情况看，各地玉米单产普遍较往年有所提高，各地的大豆、花生、芝麻产量也高于往年。沉甸甸的收获，是农民的奋斗印记。

丰年不忘灾年，增产不忘节约，在庆祝丰收的喜悦时刻莫忘节约粮食、杜绝浪费。"一粥一饭，当思来处不易；半丝半缕，恒念物力维艰。"《朱子家训》提醒每个人都该保持节约粮食的高度自觉，敬畏"汗滴禾下土"的不易，在家吃饭适量，在外用餐合理点菜，养成剩菜打包的习惯，做"光盘行动"的践行者。

经东汉班固在《汉书·食货志第四》中阐发，《洪范》中记载的治国理政的八个重要方面中，解决好人们的吃饭问题成为第一要务。因此，"洪范八政，食为政首"。

北魏贾思勰在《齐民要术》中又称："舜命后稷，食为政首。"这些都充分说明在古代社会，粮食问题关乎国家安全和社会稳定。因此重农思想和粮食安全观念始终是古代思想文化的重要内容，"民以食为天"正是这方面的真实写照。纵观华夏五千年文明史，历朝历代的统治者无不把粮食问题摆在治国安邦的重要位置。

往事越千年，仓廪殷实仍然是国家之福、百姓之盼。"食"中蕴藏生存之道、发展之道，关系国家稳定、人民幸福。

让善意流淌起来

宋海转

南北朝时期梁朝皇帝、文学家萧纲在《唱导文》中写道："一善染心，万劫不朽；百灯旷照，千里通明。"善良是人生的底色，是心灵的桥梁，它如甘霖一般，可以涤荡生命的尘埃，让人拥有继续前行的力量。

四川崇州 2 岁女童被大型犬撕咬的新闻引起不少网友关注和热议，文明养犬问题再次成为社会关注的焦点。 遛狗牵绳，不过是举手之劳，为何部分养犬人士做不到？ 根本原因在于他们缺乏公德心，只图个人方便，不为他人着想。

如果养犬人士主动释放善意，自觉文明养犬，他们得到的，必然是善意的回馈。 不久前，我在公园散步时，看到这样暖心的一幕：一名男子正在遛狗，看到一位妈妈带着女童在附近玩耍，便自觉收紧狗绳，并将狗拉到另一侧，避免吓到女童。 女童妈妈看到男子的举动后，对他报以感激的微笑。 这一幕悄然无声，却让我动容，善意与善意的双向奔赴，充满了治愈人心的力量。

《管子·霸形》中说"善人者人亦善之"，《孟子》中说"爱人者，人恒爱之；敬人者，人恒敬之"，俗话说"人心换人心，四两换半斤"，每个人的心底都有善良的因子，都渴望被善待。当善良遇上善良，善意才能流淌起来，才能滋润更多心田，才能带动更多人释放善意，这就是善的"回音壁效应"。有一则公益广告这样描述：一个人随手帮助了一名路人，这份善意经过无数个人的接力，又传递给了自己。可以说，当善意的能量场形成，每个人既是贡献者，又是受益者。

相反，如果善意被辜负，寒心的不仅是行善者，还会产生"旁观者效应"，严重影响社会风气。"旁观者效应"是一种社会心理学现象，是指当有两个及以上的人在场时，个体会倾向于不对受害者提供帮助，而且在场的人越多，人们越倾向于不提供帮助。或许有人认为，当今社会，行善的风险太大，多一事不如少一事，不如做一名"吃瓜群众"，事不关己高高挂起。殊不知，有时候，袖手旁观也是一种助恶行为，甚至会伤害自己。近年，"旁观者效应"所酿成的惨祸屡见报端，比如"10·28"重庆公交坠江事故就是如此。

2018年10月28日，在重庆市万州区的一辆公交车上，一名女乘客因坐过站要求停车，司机以该处无公交站为由拒绝，于是该乘客与司机发生了争执，争执无果后，她直接动手抢夺司机的方向盘。 在抢夺过程中，司机没有及时掌握住方向盘，导致公交车失控撞车、坠江，公交车上15人无一生还。令人震惊的是，在女乘客与司机争执的过程中，车上其他乘客竟无一人上前制止。

在这起事故中，司机如何绝望，我们无法感同身受，但应该从如此惨烈的悲剧中吸取教训，不做冷漠的看客，不吝啬释放自己的善意，哪怕只是举手之劳。 即便出于种种原因，无法释放善意，也要做到感谢善意、呵护善意。 因为即使是微小的善意，也是冬天里的一缕暖阳，能够让这个社会变得更美好。

当然，让善意流淌起来，不能仅靠道德的力量，还需要通过法律为行善者保驾护航，让他们在释放善意的时候更加坚定。 法律和道德是相辅相成的。 呼吁人们释放善意，不能单方面强调奉献，要通过法律强化社会的道德内核，形成更坚实的法理支点，让法律为道德撑腰，免除见义勇为者的后顾之忧。 唯有如此，人与人之间才能重获应有的信任，善意才不会被别有用心者钻空子，才会有更多的人加入行善的队伍，共创和谐有序的美好生活。

南北朝时期梁朝皇帝、文学家萧纲在《唱导文》中写道："一善染心，万劫不朽；百灯旷照，千里通明。"善良是人生的底色，是心灵的桥梁，它如甘霖一般，可以涤荡生命的尘埃，让人拥有继续前行的力量。 有一首歌这样唱："愿你三冬暖，愿你春不寒，愿你雨天有伞，愿你梦能安……"行动起来吧，即便是一个微笑也好。 只要我们让善意流淌起来，汇成爱的洪流，许多美好的愿景就一定能够实现。

传统节日的正确打开方式

苑美丽

> 向往自由和美好是人的天性，通过游戏抒发自我、宣泄压力也是很常见的方式。 我们需要思考的是传统如何与现代结合，让国人在传统节日里也能够代入自我、表达自我。

不久前，借着万圣节举办的一场本土角色扮演在上海连续上演数天。 从视频里可以看到，这场角色扮演热闹非凡，除了让人倍感亲切的"中国元素"，"梗"和"段子"也给这场角色扮演增分不少："唐僧"面对"女施主"的邀约面露胆怯，霸气外露的"华妃"路过镜头翻出她那经典白眼，穿着的确良布料指挥歌唱的"伍佰"与"观众"打成一片……

这是一场年轻人的狂欢，他们借着万圣节进行游戏互动、充分表达自我，在这场狂欢里毫无保留地释放自己。 有人担心文化侵袭——"这群年轻人，国人自己的节日还没过这么热闹呢"。 过得热闹与否，要考虑大家是否融入节日，情感诉求是否被满足，是否在节日里找到了自己的定位，让自己与节日文化产生联系。

《庄子·马蹄》开篇谈到马的本性，"马，蹄可以践霜雪，毛可以御风寒，龁草饮水，翘足而陆，此马之真性也"，即马的蹄、毛、足在大自然环境中各有其作用，天性使然。庄子进一步阐述"彼民有常性，织而衣，耕而食，是谓同德"，即人具有不变的本性，织布穿衣，耕作进食，这叫作人的共性——"命曰天放"。老子在《道德经》里阐述："人法地，地法天，天法道，道法自然。"即万事万物有各自的运行法则，人类应尊重自然，不违背事物的运行规律。

所以，顺应自然规律是做好一切事情的前提，在顺应自然的基础上对事物加以合理引导，才能收到最佳效果。拿上面如何引导年轻人传承传统节日文化举例，我们需要顺应其天性，让文化同时代、同人的内心相连接，与生活相融合，文化才能更好地传承和发展。

从视频上看，虽说是万圣节，这场角色扮演却没有南瓜灯、装扮鬼魂等万圣节的节日元素，角色扮演的是唐僧、孙悟空、财神爷、张飞等本土形象，还有近日占据网络头条的明星，以及围绕《武林外传》《甄嬛传》等本土影视作品的桥段表演等，这场角色扮演更像是当代年轻人借洋节日搞"文化输出"的百变大咖秀。大家以装扮的方式展示自我，用"梗"和"段子"的再次演绎表达情感诉求，这与万圣节好像关联也不大。

印象中，年轻人是洋节日的主角，圣诞节、万圣节、愚人节等，年轻人是最活跃的群体。年轻人辨别能力弱，他们向往自由，洋节日轻松的氛围易于吸引年轻人靠近，也许他们对洋节日是怎么一回事并不了解，只是跟风欢乐一把，不能被冠以"崇洋媚外"。若传统节日有契机能够表达诉求、展示自我，那么在这些节日里他们依然能够成为主角。

向往自由和美好是人的天性，通过游戏抒发自我、宣泄压力也是很常见的方式。我们需要思考的是传统如何与现代结合，让国人在传统节日里也能够代入自我、表达自我。近年，端午节、七夕节等传统节日越发热闹了。如端午节，全国各地举办大大小小的龙舟赛，赛场上选手们上演"速度与激情"，互联网上，观众纷纷摩拳擦掌。龙舟赛，赛不是最重要的，通过赛让龙舟文化融入生活、焕发生机，从而更好地被传承和发展才是最重要的。再比如七夕节，我们能从大大小小的媒体平台看到歌颂爱情的古诗文，细细品读，仿若回到古代，被唤醒了沉睡的记忆，感悟一字一文中蕴含的浪漫和厚重。

节日是用来纪念的，传统节日除了纪念，还有对文化的传承。如何更好地传承，那就要找到传统节日的正确打开方式，让它融入时代脉搏，让人们在其中找到自我、表达自我、展示自我，使节日从外看是热闹非凡，从内看是填满心间。

难能可贵的"知不知"

吴继峰

智者所见略同。在"知不知"问题上，孔子指出："知之为知之，不知为不知，是知也。"他认为，知道就是知道，不知道就是不知道，这才是真正的智慧。古希腊哲学家苏格拉底也说，"最聪明的人，是那些明白自己无知的人""我唯一知道的事情，就是我一无所知""承认我们的无知，乃是开启智慧之母"。

有的人看不清自己的"未知"，了解了一些事物的皮毛，就以为掌握了宇宙真理，动辄摆出一副智者的架势，用大而无当的假话自欺欺人。有的人只是在个人专长的领域有些见解，便以为一通百通、全知全能了，任何领域的问题都要想当然地插上一嘴、指点几句。

对于类似这些人，老子早提出了尖锐的批评。在《道德经》第七十一章，老子明确指出："知不知，尚矣；不知知，病也。圣人不病，以其病病，夫唯病病，是以不病。"在《道德经》第三十三章，老子还说："知人者智，自知者明。胜人者有力，自胜者强。"读起来有些拗口，但试着翻译成白话，我们就会发现，这些论述是何其可贵的智慧之言。通过参考前人译注，我对这两句话的理解是："知道自己还有所不知，这是很高明的。不知道却自以为知道，这就是大毛病。有道的圣人没有缺点，因为他已经把缺点当作缺点。正因为他把缺点当作缺点，所以，他没有缺点。""能认识、赏识别人叫作智慧，能认清自我不足才算聪明。能战胜别人体现力量，能克制自己的弱点才算刚强。"

智者所见略同。在"知不知"问题上，孔子指出："知之为知之，不知为不知，是知也。"他认为，知道就是知道，不知道就是不知道，这才是真正的智慧。古希腊哲学家苏格拉底也说，"最聪明的人，是那些明白自己无知的人""我唯一知道的事情，就是我一无所知""承认我们的无知，乃是开启智慧之母"。中国政法大学教授丛日云立足现代人的理解，也一针见血地说："面对自知无知的态度，人们往往浅薄地赞叹其谦虚，或以为是为了博得谦虚的美誉而进行廉价的自我贬抑。人们不懂得，自知无知不是谦虚，而是诚实；不是廉价的自我贬抑，而是自知之明的自然表露；不是一个人的美德，而是起码的教养。"

浩瀚的知识如"山间明月""江上清风"般取之不尽，相比以往，在获取知识手段更为多元和便捷的当下，只要我们愿下些功夫，就能撷"沧海之一粟"，就能增加些智慧、提升些修为。这本来是好事，但同时也带来了问题。有的人把"一粟"视为"沧海"，自信心建立了，增强了，爆棚了。无知无畏导致我们偏狭和武断，让社会少了宽容和理解、对话与妥协、和平与和谐，增加了无谓的内耗。"万事通"狂刷存在感，不少人更加笃信自己才是最高明的，不屑于甚至是耻于一张蓝图绘到底，世间就有了百般折腾。

怎样实现"知不知"？或者可以更直白地说，如何才能培养自知之明？自我反思不足、听取别人意见，这都是不错的方法。但是我以为，持续学习更是实现"知不知"的关键。所谓"学然后知不足""书犹药也，善读之可以医愚"，通过不断学习新知识、不断悟出新道理，我们才能拓宽自己的视野，深化对世界的理解和对自身的观照。一个人的知识储备越多，其已知与未知的边界重合部分越多，他才能够清晰而强烈地感知"沧海一粟"的无力无助。

近年，周口市不断推进"书香周口"建设，深化和丰富全民阅读活动，2023年3月，周口市举办首届河南周口伏羲书展，11月初，我们又举办"全民终身学习活动周"系列活动。我以为，无论是宏观的引领，还是具体的活动，都是十分必要的。人无完人，这虽然是客观事实，但是从学习中得来的智慧，可以更多地消除、对冲我们的缺点、不足，至少可以让我们认清自我、扬长避短。"为学日益"，读书学习虽然靠的是内心的自觉，但是上述活动的外在刺激，也是唤醒我们求知欲望的"针灸疗法"。 我们应该在"人人皆学、处处能学、时时可学"的氛围中，通过学习知行明止，全面提升修为、增强本领，更好地打拼幸福生活、美好人生。

"孔颜之乐"乐何事？

毕雪静

> "一箪食，一瓢饮，在陋巷，人不堪其忧，回也不改其乐。"颜回居住在简陋的巷子里，过着在别人看来太过忧愁的困窘生活，但这丝毫不影响他自得其乐。

近年，"'00后'大学生整顿职场"成为网络热梗，他们犹如不一样的烟火，用"脆生生"的勇气、"新人类"的思考、"从来如此，便对吗？"的质问，顶撞上司，稍不满意就辞职走人，他们拒绝"画饼"，敢于说"不"……从一个视角来看，他们敢于整顿职场，是不妥协的清流。从另一个角度看，他们对工作不认真、不负责，就是工作态度有问题。这些行为，往小里说是有个性，往大里说，就是缺乏责任和担当。

人生不仅需要谋生的技能，还需要有实用主义之外的东西，来愉悦身心，接纳自己，感受生活的温度，拓展生命的宽度和厚度。 这让我想到"孔颜之乐"。《论语·述而》中孔子说："饭疏食，饮水，曲肱而枕之，乐亦在其中矣。"只要有粗茶淡饭可以充饥，有水喝，弯起膀子当枕头，美美睡一觉，这样的人生也其乐无穷。 在《论语·雍也》中，孔子赞叹颜回："一箪食，一瓢饮，在陋巷，人不堪其忧，回也不改其乐。"颜回居住在简陋的巷子里，过着在别人看来太过忧愁的困窘生活，但这丝毫不影响他自得其乐。

"孔颜之乐"，所乐何事？ 乐在安贫乐道，"忧道不忧贫"；乐在淡泊名利，"不义而富且贵，于我如浮云"。 因为精神富足，所以不为物质限制。 他们把陋室当成心灵的城池，阻断外面的繁华与喧嚣；把"疏食"当成治疗心灵的药剂，抚平世俗名利的伤口；把清水当作神圣的甘霖，洗去心灵的尘埃，他们的快乐和物质无关。"斯是陋室，惟吾德馨"，刘禹锡的这句话是最好的注解。

千百年来，"孔颜之乐"一直启迪并指引着无数人积极探索人生真谛，努力实现人生价值，它对生活在新时代、担当新使命的青年人，仍然有着重要意义。

生逢盛世，在物质生活条件上已经不会有孔颜那样的遭遇，但"孔颜之乐"的精神内涵不能忘。"孔颜之乐"不应该仅存在于历史上，更应该是精神路标，引导年轻人树立远大理想，有安贫乐道的胸怀与境界。

就像铲除杂草最有效的方法是种上庄稼一样，获得长久快乐的方法应该是承担社会责任。 要想达到孔颜的思想境界，获得精神上的幸福，可以从提升个人品德修养入手，思考探讨"应该成为怎样的人"，比如，勤奋好学，求仁向善，做一个幸福的探寻者；比如，纯洁高尚，淡泊明志；再如，修身养德，形成正确的价值观。

当代中国青年当然不乏堪当大任者：设计师、潜航员叶聪让大国重器"蛟龙"号落地；嫦娥团队中"90后"青年，同前辈合作将"玉兔号"送上月球背面；哈工大一群青年，成功在轨抢救"龙江二号"，并拍下被世界称赞的"最棒的地月合照"……这些青年走在时代前列，完美诠释了什么是不负韶华。 更有不同战场上了不起的"00后"：防疫一线，更多"00后"走出温室，用自己的行动抗击疫情；防汛现场，更多"00后"挺身而出，守护群众生命；奥运赛场，"00后"杨倩摘得东京奥运会首金，为国争光……但也有些人以"躺平""摸鱼""划水"等为人生标签，"佛系"度日，没有责任担当。

"德厚者流光，业勤者流芳。"孔子一生推行仁政和德政，知其不可为而为之，不改其乐；颜回向善好学，生活清贫，不改其乐。 他们一生命运多舛，潦倒困顿，但他们乐而忘忧的君子风度，以天下为己任的志士情怀，至今依然在历史的星空熠熠生辉。 一个人最大的魅力就是责任心，对自己负责，对他人负责，对工作负责，对家庭负责，对社会负责。孔子、颜回有"饭疏食饮水之乐"，年轻人也应有"不慕物质"之风，用精神火炬点亮人生之灯，担当青年使命。"活在当下"是苟且偷生，"心系未来"才看得见星辰大海。

重提"孔颜之乐"，就是要告诫年轻人不要浮躁，不要成为精致利己主义者，而是要奋发向上、完善自我。年轻人有整顿职场的想法没有错，但切莫相信了网上的段子，把整顿当成了使命、责任。初出茅庐，业务上连门都没有入，仅凭指点江山的一腔热血，说到底，不过是无知无畏罢了。

伟大的时代需要坐在路边鼓掌的人，更需要积极进取、以天下为己任的人，即使不能成为圣哲，也要在平凡的岗位上尽职尽责，发光发热。

时代的洪流滚滚向前，大浪淘沙，适者生存，唯有自强者强、自律者自由，唯有责任与担当让人充实快乐、行稳致远。

好好治治"忙碌症"

李伟

名声与生命相比，哪一样更重要？ 生命与财富相比，哪一样更重要？ 拥有名利与失去生命相比，哪一个更有害？ 扪心自问，人人都会有明确的答案，但似乎大多不懂"甚爱必大费，多藏必厚亡。 知足不辱，知止不殆，可以长久"。 圣人之言，谆谆在耳，就差我们细细品味了。

最近读到清华大学教授宁向东的一篇文章——《整个社会陷入了一场"忙碌症"》，颇有感触。

什么是"忙碌症"？ 简而言之，就是以获取名利为最终目的，天天主动或被动地忙于上班、忙于应酬、忙于挣钱、忙于晋升，匆忙而浮躁，无暇沉淀身心、亲近自然、思考人生，像机器一样麻木运转，停不下来，呈现一种病态。 宁教授在文中说，这种病态在个人身上的共同体现就是：在我们的观念深处，不论何时何地，都不能允许低效率行为的存在，否则就会内在产生焦虑，不由自主地想发飙。

很显然，这种"忙碌症"于己不利，天天忙忙碌碌辛苦劳累不说，心情也不见得好到哪里去，久而久之，健康状况必然下滑，抑郁的概率也会大幅增加。 同时于人不利，作为"忙碌症"患者的手下，难免天天战战兢兢，如履薄冰，压力山大，时时都有逃离的心态；作为患者家人，也只能看其脸色过日子，努力去适应、去讨好，要陪伴更是奢望。 对社会而言，整个陷入一场"忙碌症"，生活节奏在功利的裹挟下越来越快，和谐与美好就无从谈起了。

所以，这的确是病，而且很严重，必须好好治。

首先来治"我要忙"。《道德经》第二十二章中说："少则得，多则惑。"意思是：少取便会获得，贪多则会迷惑。 这是老子的辩证思想。 我的理解是，人的欲望越小，索取的越少，内心就会越平静、越充盈，从而获得更多精神上的满足；而欲望越大，索取的越多，随着时间的推移就会发现自己失去的也越来越多，越来越困惑，不知道自己穷极一生到底追求的是什么。

"名与身孰亲？ 身与货孰多？ 得与亡孰病？"名声与生命相比，哪一样更重要？ 生命与财富相比，哪一样更重要？ 拥有名利与失去生命相比，哪一个更有害？ 扪心自问，人人都会有明确的答案，但似乎大多不懂"甚爱必大费，多藏必厚亡。 放知足不辱，知止不殆，可以长久"。 圣人之言，谆谆在耳，就差我们细细品味了。

然后来治"要我忙"。 和上述的主动型"忙碌症"不同，这是被动型。 前有标兵、后有追兵，不想忙、不想加班，却不得不忙、不得不加班。 你不忙不加班，业绩就上不去、工资就拿不高、晋升就没希望，甚至有被淘汰的风险。

　　事实上，这种被动的忙碌是盲目的，和主动的、为追求自己的理想而努力的敬业之忙有天壤之别。 治疗这种类型的"忙碌症"得从两方面下手。

　　一是靠社会的力量。 让下班时间真正下班、法定节假日不再只是"法定"，少一点形式主义，多一点务实关怀，让盲目忙碌的人们有充足的时间静心、思考、提升，找准工作的动力、人生的方向。 很显然，在忙碌的日常里停下脚步、享受美好，给爱好一点空间、给思考一点时间，换来的必定是下一次的轻装上阵、热情出发。 这样对员工、对单位都有好处，何乐而不为？

　　二是靠自己。 说来说去，作为一种病态，"忙碌症"就是浮躁的表现，个体的症状其实就是社会的映射。 功利思想在整个社会的泛滥让身处其中的我们很难不被左右，却也给我们提出了"如何做自己"的挑战。

　　如何做自己？ 我以为首先要学会抽身。 如圣人之言，不过多被欲望奴役，被名利熏心，找到自己真正想要的、应该追求的，于人于己都有利而无害的，抽身于不良社会环境之外。

　　做自己，还要养成"洁癖"。 不耽于交际应酬、觥筹交错，更耻于纸醉金迷、声色犬马。 闲暇时就读读书、听听音乐，修身修心，培养高雅志趣，形成高洁品行。

做自己，更要提高效率。 大踏步向前发展的社会里，时间是稀缺的，所以一定要提高工作效率，这样才能做到"要干干个踏实，要玩玩个痛快"，给"做自己"留出充裕的时间。工作时全身心投入、追求高速高效，休息时全身心放松、安放从容缓慢。 这样才能实现工作和休息的平衡、事业和人生的自洽。

人人都能"做自己"，"忙碌症"应该也就消亡了。

读书和思考很重要

周千茜

> 读书和思考，组成了中国人最为看重的"学"。 读书和思考，是为学、修身、齐家、治国、平天下的源点。《礼记·学记》有云："玉不琢，不成器；人不学，不知道。"《韩非子·解老》亦云："思虑熟，则得事理。"说的是人通过学习才会懂得事理。

2023 年 12 月，书香周口建设工作专班办公室举办了"周口历史文化典籍丛书"发行暨图书赠阅仪式，面向社会各界免费赠阅"周口历史文化典籍丛书"等图书。 此前的"赠书启事"中曾提到，"读书的根本目的，是让人有思想、有灵魂，有至诚之德和洞明之智"。 在"周口历史文化典籍丛书"中，编者更是以"诚明不易——读书和思考很重要"作为总序的标题，开宗明义地表达了对丛书编纂和图书赠阅活动的希冀。

读书和思考很重要，但是现实社会中存在着一种不良风气，即不爱读书、不爱思考。随着互联网的普及，微博、抖音、快手等一众社交媒体平台填满了人们的日常生活和工作，不少正值读书学习之际的青少年，更是整日与手机、电脑为伴，将书籍弃于一旁、束之高阁。长此下去，人们对知识的获取将少之又少，思考人生、观照社会的能力更是无从谈起。所以，我们必须大力倡导读书和思考。

读书和思考为何重要呢？苏辙在《藏书室记》中写："故古之知道者必由学，学者必由读书。"《二程遗书·伊川先生语》中讲："为学之道，必本于思。思则得之，不思则不得也。"朱熹在《近思录·格物穷理》中说："学原于思。"读书和思考，组成了中国人最为看重的"学"。读书和思考，是为学、修身、齐家、治国、平天下的源点。《礼记·学记》有云："玉不琢，不成器；人不学，不知道。"《韩非子·解老》亦云："思虑熟，则得事理。"说的是人通过学习才会懂得事理。《颜氏家训·勉学篇》中讲："夫所以读书学问，本欲开心明目，利于行耳。"孟子在为公都子讲解如何避免为外物所蒙蔽而误入歧途时说："心之官则思，思则得之，不思则不得也。"这些话强调了学习可以使人明智，从而有利于实践。《尚书·洪范》载："思曰睿……睿作圣。"苏轼也说："有笔头千字，胸中万卷，致君尧舜，此事何难？"表明治国安邦离不开读书和思考。古往今来，凡大儒通学者，无一不熟读乐思；凡励精图治者，无一不勤读精思；凡富强国家者，无一不崇学善思，所以，读书和思考很重要。

不读书、不思考的危害极大。 不读书、不思考的人，虽然也能识字言语，却不能有至诚之德和洞明之智。《论语》中曾记载了孔子关于不读书、不思考的看法。 子曰："学而不思则罔，思而不学则殆。"子曰："吾尝终日不食，终夜不寝。以思，无益，不如学也。"子曰："好仁不好学，其蔽也愚；好知不好学，其蔽也荡；好信不好学，其蔽也贼；好直不好学，其蔽也绞；好勇不好学，其蔽也乱；好刚不好学，其蔽也狂。"在孔子看来，勤学善思、学思并重，是人形成各方面修养的基础。 一个人不读书就会掉入"束书不观，游谈无根"的陷阱，不思考便会陷入"尽信书"的困境，不好学则会缺失"六言"。 同样，一个不崇尚读书思考的民族，是没有文化创造力的，无法培育出科学素质与人文素养，更无法在民族文明中坚定文化自信，形成凝聚和引领自身前行的强大精神力量。这样的民族，不能也不可能长久地推动社会发展，是没有希望的。

"学之兴废，随世轻重。"周口，我们生活的这片土地，自古便有崇尚学思的传统，老子、孔子、苏辙、程颢、程颐等先贤鸿儒在这里厚植好学基因，留下无数典籍。 近年，周口以"道德名城 魅力周口"为文化定位，深入推进书香周口建设，高质量打造道德书屋、农家书屋，广泛开展全民阅读活动，书香不断飘进万家，周口街头巷尾还举办了自发的国学晨读活动，读书和思考的力量，正在浸润着这方三川交汇的沃土和生活在这里崇德向善的人们。

诚如"周口历史文化典籍丛书"的编者所言："一人如此，千万人如此，当下这样，世世代代这样，努力实现我们这个时代新的文化灿烂。"随着读书和思考的习惯养成，以及更多优质书籍的推出，我们将再次回到历史长河中那些名噪千古的书院，回到圣哲的讲堂上，正视中华文明一路而来的栉风沐雨、连续不断，感悟中华优秀传统文化的广明德慧，"诵数以贯之，思索以通之，为其人以处之，除其害者以持养之"（《荀子·劝学》）。 我们有理由相信，通过高质量的读书和思考，周口人和周口这座城市，将变得更加清醒和厚重。

从充满善意的小事做起

董雪丹

"见小曰明"，这话是老子说的，意思是从细微处察觉事物之理才能看得明白。老子还说："图难于其易，为大于其细。天下难事，必作于易；天下大事，必作于细。是以圣人终不为大，故能成其大。"老子在告诉人们，解决难事要从容易处入手，做大事要从细小处入手。

十字路口，红灯，停下车，看向窗外。

雨下得正紧。枝头的黄叶随风落下，有几片在路边的积水中打着旋儿。

在人行横道线边等候的一位小伙子，突然向前走了一步，弯下腰，从积水中拿起一片叶子，积水立刻形成了一个漩涡，周边的水向着这个小漩涡涌过去。我这才看到叶子下面是窨井盖上的一个小下水口。这时，又有几片叶子漂向那个小漩涡，小伙子随即又把这几片叶子捡了起来。

绿灯亮了，他撑着伞走过去，身后路边的积水欢畅地打着旋儿。没有看清他的面孔，只看到他戴着一副眼镜。从他儒雅的气质里，可以看到他读过的书，眼前他做的事，就是书中的那句"勿以善小而不为"。

"勿以恶小而为之，勿以善小而不为。惟贤惟德，能服于人。"这是刘备去世前给儿子刘禅遗诏中的话，语出《三国志》，让刘禅不要轻视小事，要进德修业，有所作为，不要因为好事很小就不去做，也不要因为坏事很小就去做，小善积多了可以利天下，小恶积多了"足以乱国家"。

真不能小看这个"小"字，"见小曰明"，这话是老子说的，意思是从细微处察觉事物之理才能看得明白。老子还说："图难于其易，为大于其细。天下难事，必作于易；天下大事，必作于细。是以圣人终不为大，故能成其大。"老子在告诉人们，解决难事要从容易处入手，做大事要从细小处入手。天下的难事，一定从简易的地方做起；天下的大事，一定从细微的部分开端。恰恰是因为不贪图"大"，所以才能做成大事。

我曾看过一个都是由小事组合而成的、特别暖人的小视频：孕妇发现自己的鞋带松了，恰好身边没有可以坐下来的地方，尝试了几次，没办法弯下腰去，这时有人主动跑过来，蹲下去，帮她系鞋带；路遇冻得发抖的迷路老人，好心男子脱下自己身上的棉衣，给老人披上，帮忙拨打110；老人拉重货爬坡进退两难，外卖小哥一路小跑帮忙推车；暴雨中，男子为流浪猫撑着伞，后来把伞绑在栅栏上，小猫在伞下，他在雨中；女子骑行偶遇洒水车，躲避不及时，一辆小轿车开过来为她挡水；女孩儿在地铁上困得抬不起头，一位阿姨走过去，给她一个温暖的怀抱；街头有一个爱心冰柜，男子默默送来几箱水，打开包装放进去，不仅留下了爱心，还随手带走了垃圾；热心牧民帮助游客推出陷入泥泞的车，在游客掏出钱表示感谢时，他摇摇头，无比自豪地掀开棉大衣，指着里面夹克衫上的党徽……

视频下的评论也很暖心：他们都是眼里有光、心里有爱的人；每个人的善良都是世界上最美的一束光，汇聚成明亮的太阳，让世界更温暖。

的确，这些人做的这些事，都不是什么惊天动地的大事，却在小事中彰显出大爱，让人感觉这个世界都被温柔以待。一个人的一点善意是微小的，一个人所做的事情是微小的，但汇集在一起，足以温暖整个世界。

"合抱之木，生于毫末；九层之台，起于累土；千里之行，始于足下。"都是在比喻做事要从头做起，从点滴的小事做起。

不小瞧这个"小"，每个人都从我做起，从充满善意的小事做起，世界将变成美好的人间。

问孝

赵献花

《论语·为政》："子游问孝。 子曰：'今之孝者，是谓能养。 至于犬马，皆能有养；不敬，何以别乎？'"子游请教孝道，孔子说："现在所说的孝，指的是养活父母就行了。 即使狗和马，也都有人饲养。 对父母如果不恭敬顺从，那和饲养狗马有什么区别呢？"

那日，我与亲人一起去医院看望生病的叔叔。 医院里人来车往，还没有找到叔叔住的病房，叔叔的儿子——我的堂哥很热情地来接我们。 客套问候之后，谈到生病的叔叔，堂哥的表情瞬间变得很痛苦。 他说："俺爹因急性脑梗死住院一个多月了。 刚开始在郑州的医院治疗，治疗期间俺爹不会说话、不会走路，我们只能用眼神交流。 我真不懂爹的意思，以为爹心疼钱，我向爹保证，'儿子砸锅卖铁也要给您治病'。 爹生气地哭，颤抖的手指着家的方向，咿咿呀呀急得满头大汗。 其实，爹是想家了，白天不睡觉，晚上也不睡觉。 我连续陪护了十多天，身心疲惫，最终也拗不过爹，带他回家了。"堂哥问我："我听爹的意见，是不孝吧？"

我没有直接回答堂哥的问话。 叔叔有三个儿子、两个女儿，在我眼里，他们都是孝顺的孩子。 每次回老家，婶子总爱跟我们聊天，聊的全是她的儿女们，说的全是对他们的各种夸赞。

至于堂哥的问孝，还是从圣贤那里寻找答案吧。《论语·为政》："子夏问孝。 子曰：'色难。 有事，弟子服其劳；有酒食，先生馔，曾是以为孝乎？'"这段话的意思是，子夏问孝于孔子，孔子说："孝，和颜悦色地对待父母，做到这一点很难呀！ 父母有事时，儿女需要替父母去做，有好吃好喝的，让父母先享用，难道这样就是孝吗？"此章强调孩子对父母要有爱，真正用心去爱。

我也不例外，用心地爱着我的爹娘。 当爹娘慢慢变老，我已长大，有了自己的小家、自己的孩子。 此时，爹娘在我心中是既可爱又可气的孩子。 我训娘不听话，不让吃剩饭剩菜，她偏吃，还生气地反驳"年轻人恁不会过日子"。 给爹买件新衣服，他硬是让退回去，说不逢年过节哩，买啥新衣服，乱花钱。 有时，我也想如哄孩子一样，让爹娘每天开开心心的，可是，繁忙的工作与多彩的生活，往往让我的情绪喜怒无常，留下不少愧悔。

《论语·为政》："子游问孝。 子曰：'今之孝者，是谓能养。 至于犬马，皆能有养；不敬，何以别乎？'"子游请教孝道，孔子说："现在所说的孝，指的是养活父母就行了。 即使狗和马，也都有人饲养。 对父母如果不恭敬顺从，那和饲养狗马有什么区别呢？"强调的是，对于父母的孝应当是发自内心深处的敬爱，这才符合孝道。

中秋节，我们回老家，再次见到婶子，她一如往常说的全是她的孩子们。 此刻，我想起了一句话：娘的世界很小，小到眼里全是她的孩子；孩子的世界很大，大到连回家看望娘的时间都没有。 婶子说，不求好吃哩好喝哩，只要俺的孩子们啥都好好哩，就是喝凉水，也是可甜可甜哩。 她的话让我难过，因为这样的话爹娘也跟我说过无数次。

我好想再给娘端一杯茶，再给爹洗洗脚，可他们都已离我而去，让我深刻体会到了"子欲养而亲不待"的滋味。 我不断地自我检讨，把对爹娘的爱给予年迈的婆婆，以此来弥补我对爹娘的亏欠。

那么，何为孝呢？ 仅从字面上看，上有老下有小，小在老的庇护下，要顺从于老。 其内涵是要善事父母，顺从父母的愿望，满足他们的需求。 其现代意义就是弘扬孝道、赡养老人，修身养性、融合家庭，努力工作、和谐社会。 俗语有云：颜孝，言孝，听孝，顺孝，行孝。 孔子"因材施教"，我们当"因材施孝"，对待父母，我们做不到完美，也要尽力。工作再忙，生活压力再大，也要常打电话，常回家看看。

你自省了吗？

董素芝

"吾日三省吾身""内省不疚""见不贤而内自省""己所不欲，勿施于人"都是儒家有关自省的名言。无论"三省""自省""内省"，其实强调的都是自律，与现代心理学提出的解决心理危机的路径并无二致。

成长即超越，对自我的超越。但有些人在成长，一方面夸耀自己的能量如何大、能力如何强，经过自己足够的努力打下一片天地；另一方面却把自己与别人相比的不足归咎于孩童时期，抱怨自己的原生家庭，说成长环境不好，父母没给自己这么多。

在我们身边，这样怨天尤人的还真不少：觉得天不遂人愿，地不遂人意，身边人不遂心，或怨父母没本事，或怨工作不如意，或怨朋友不包容，总之不能随心所欲，独独不知道反省自己。

这样的思维模式让人很不舒服：有了成绩都是你自己努力的结果，遇到失败挫折都是父母的过错，你咋自我感觉就这么好呢？难道你是五行山下蹦出来的石猴？有先天神力？你的弱点固然有父母的影子，但你的能力难道不是来自父母吗？为什么要对父母这么苛刻？那些从小因天灾人祸失去双亲的孩子，他们又该去怨谁呢？当你有了孩子时，孩子需要的一切你都能给予吗？如果父母真的什么都给予了你，你这一辈子做什么呢？

近年流行一个词叫"双标"。所谓"双标"，就是双重标准，指对相同性质的事情，会根据自己的喜好、利益等做出截然相反的判断或行为，即便同样性质的一件事，对人对己要求却不同，对别人是高要求，对自己是低要求。简言之，就是严于律人，宽以待己。

当然，人们在生活中都有两面性，喜欢的和不喜欢的，有利的和不利的，观点迥异，本也在情理之中，想事事做出一个恰如其分的判断也是非常难的。

作家王小波对此有过感慨，他在《沉默的大多数·序言》中说："俗话说得好，此人之肉，彼人之毒；一件对此人有利的事，难免会伤害另一个人。真正的君子知道，自己的见解受所处环境左右，未必是公平的；所以他觉得明辨是非是难的。"他接着又说："我很以做明辨是非的专家为耻——但这已经是二十年前的事了。当时我是年轻人，觉得能洁身自好，不去害别人就可以了。现在我是中年人——一个社会里，中年人要负很重的责任：要对社会负责，要对年轻人负责，不能只顾自己。因为这个缘故，我开始写杂文。"

说到这儿，想起《论语》中一个"明知故问"的有关孔子的小故事：春秋战国时期有"同姓不婚"的礼仪，若男人娶同姓的女人为妻，是不懂礼节的行为，但鲁昭公却娶了同姓的女人为妻，在当时显然是不合乎礼节的。因为孔子以礼闻名，孔子师徒在陈国游学时，有位官员问孔子："鲁昭公懂礼吗？"孔子说："他知礼。"孔子走出去后，这位官员向孔子弟子巫马期作了个揖，请他走近自己，说："我听说君子不因关系亲近而偏袒，难道君子也有偏袒吗？鲁君从吴国娶了位夫人，是鲁君的同姓，于是称她为吴孟子。鲁君若算得上知礼，还有谁不知礼呢？"弟子巫马期把此话转告了孔子。孔子说："我孔丘真幸运，如果有了错，别人总能够给指出来。"

无论是中年要对社会负责的王小波，还是"闻过则喜"的大教育家孔子，都让我们明白一点：这个世界是要有是非标准的，人心终不能像墙上的草，风往哪儿吹就往哪儿倒，不能因对自己有利就顺嘴去说。

孔子说："君子求诸己，小人求诸人。"意思是说，君子的成长主要靠自己修身，遇到问题应当先从自身找原因。曾子说得更明了："吾日三省吾身：为人谋而不忠乎？与朋友交而不信乎？传不习乎？"

"吾日三省吾身""内省不疚""见不贤而内自省""己所不欲，勿施于人"都是儒家有关自省的名言。无论"三省"

"自省""内省"，其实强调的都是自律，与现代心理学提出的解决心理危机的路径并无二致。 孔子曾夸赞弟子颜回"不迁怒，不贰过"，就是错了不把责任归咎他人，通过自省去成长，因为人生修行最快的路径就是自省改过。

为人处世当从修身始

苏童

所谓修身要先端正自心，因为心有愤怒，就不能够端正；心有恐惧，就不能够端正；心有偏好，就不能够端正；心有忧虑，就不能够端正。心思被不端正的念头困扰，就会心不在焉：虽然在看，却看不明了；虽然在听，却像没有听见一样；虽然在吃东西，却不知道食物的滋味。

现实生活中，许多人常常因缺乏自我约束，面对诱惑时会做出一些不好的举动，比如不守时、不守规矩等。有些人甚至丧失理想信念，做出违背社会公德和道德的事情，践踏法律、遭人唾弃。如此，不仅给他人和社会带来不便和困扰，而且败坏了社会风气，影响了社会稳定。说到底，这些人都不注重修身。

"修身"一词见于《墨子·非儒》："远施周偏，近以修身。"修的本义为装饰、修饰，后来引申为内在的修养。先秦儒家极为看重修身。比如，孔子多次提到"修德""修己"，孟子提出"修身以俟之，所以立命也"，荀子提倡"修身自强，则名配尧禹"。这些思想家论述的是，倡导通过修身养性来砥砺品格修养和道德情操。对于古人修身之说，我们今天仍应该提倡，并为其赋予新的内涵。

修身修什么？南宋理学家、教育家朱熹在《大学全集·第八章·正心修身》中解释为："所谓修身在正其心者，身有所忿懥，则不得其正；有所恐惧，则不得其正；有所好乐，则不得其正；有所忧患，则不得其正。心不在焉，视而不见，听而不闻，食而不知其味。此谓修身在正其心。"意思是说：所谓修身要先端正自心，因为心有愤怒，就不能够端正；心有恐惧，就不能够端正；心有偏好，就不能够端正；心有忧虑，就不能够端正。心思被不端正的念头困扰，就会心不在焉：虽然在看，却看不明了；虽然在听，却像没有听见一样；虽然在吃东西，却不知道食物的滋味。可见，修身必须先端正自心。

翻阅浩瀚史册，古往今来，凡流芳后世者，皆能"修身正心"。南宋丞相文天祥，用满腔爱国之心成就了"留取丹心照汗青"的佳话，他的德行深深烙印在人们的精神血肉中。同样，身为一国之相的秦桧，为了一己之私利，以"莫须有"的罪名害死了铁骨铮铮的岳飞等爱国将士。他们皆有宰相之才，不同的选择彰显修养之高低，修身之人永垂青史，无德之人遭人唾弃。

所以，无论何时何地，我们都要做到修身正心，谨慎行事，严于律己。曾国藩有言："整齐严肃，无时不惧。无事时，心在腔子里；应事时，专一不杂。"和这样的人来往，完全可以放心人品，不会有任何担忧。如此，才能赢得他人的尊敬。为什么有些人说话、举手投足，甚至微笑或者问候都能给人一种很舒服的感觉，而有些人则恰恰相反呢？这里面就是一个人的自我修养问题了。

　　可惜，在一些人那里，这些中华民族传统的思想精华，早被他们抛到九霄云外了。他们忽视了自身修养，只注重追求物质享受和个人利益，追求自我的幸福和成功，却忽视了他人的需要和社会的整体利益。这种德不配位的思想导致他们突破道德禁区，任私欲膨胀、为所欲为。尤其是一些手中握有一定权力的领导干部，如果将修身正心置之脑后，理想信念就会动摇，信仰就会迷茫，精神就会迷失，犹如身体"缺钙"，不仅会得"软骨病"，整个身体都可能"垮掉"。一些落马官员在检讨违法违纪的原因时，都会提到自我修养的缺失是陷入腐败旋涡的重要因素，这值得所有党员干部警惕反思，并引以为戒。

　　修身乃处世之本，修身乃成事之基。当今社会，科技发达，物质丰富，诱惑很多。如果不注重自身修养，面对诱惑时，就很容易放纵自我、迷失方向，做出令人不齿的事情。如此，又怎会受到他人尊敬呢？在单位如何拥有威信呢？"其身正，不令而行；其身不正，虽令不从。"因此，我们为人处世一定要加强自身修养，尤其是党员干部，更要加强自身修养，用理智驾驭自己的七情六欲，以便"齐家、治国、平天下"。

当然，修身绝非一日之功，需要长期修身养性，并且持之以恒，不可半途而废。孟子对高子说："山径之蹊间，介然用之而成路；为间不用，则茅塞之矣。"山坡上的小路很窄，常常去走，它便成了路；如果隔了一段时间不走，就又会被茅草堵塞住了。修身亦是如此，需要长期坚守，潜心修养。

在当前推进中华民族伟大复兴的进程中，每一个人都在和谐社会中承担着相应的责任。唯愿大家都能秉承"修身为始，修身为本"的道理，不断提高自己的道德修养，践行社会主义核心价值观，才能淡泊明志、宁静致远，成为良好社会风尚的倡导者和引领者。

比与不比

刘超印

我们不妨多比一比自己与他人在主观努力上的差距，分析自己和他人各自的优劣势所在、优劣势存在的主客观原因，在此基础上，善于把握自己的优势获得信心和动力，从不足之处查漏补缺，找出有待挖掘的潜力和努力方向、改进方法，不断充实自己、升华自己。

时下，周围很多人都感慨工作、生活节奏快、压力大、很"内卷"、过得累，有时感到迷茫、烦躁、焦虑甚至抑郁。细细想来，主要是攀比心理在作祟，比位子、车子、房子、孩子、钱袋子……尤其是随着社交媒体的普及，更加剧了这种攀比之风。

爱比较是人类的本性。研究表明，人脑中的杏仁核、海马体和前额叶皮层等组织直接参与人类的比较行为，这是人喜欢作比较的生物本质。那么，像陶渊明那样不为五斗米折腰、寄情于山水行不行呢？恐怕大多数人很难达到那种境界。于是，现在很多和我一样的年轻朋友都自嘲"躺又躺不平，卷又卷不赢"。

古人是怎么看比与不比呢？带着这些困惑再品读经典，或许圣哲的观点能给我们带来一些启发。

《论语·里仁》有"见贤思齐焉，见不贤而内自省也""士志于道，而耻恶衣恶食者，未足与议也"，《论语·卫灵公》有"君子求诸己，小人求诸人"，《道德经》有"不尚贤，使民不争；不贵难得之货，使民不为盗；不见可欲，使民心不乱"，等等。这些观点都在向我们阐释着比与不比的辩证关系。

不妨少些世俗的功利，多些利他的奉献。攀比是因为我们常常以物质拥有和社会地位作为人生价值的评判标准，总是局限于"小我"的世俗欲望。这种欲望得不到满足会让人痛苦，得到满足后又让人空虚，使得我们的人生像钟摆一样在空虚和痛苦之间摇摆。《庄子·外篇·山木》有"物物而不物于物，则胡可得而累邪"。不被浮华所惑、不被功利裹挟，我们自然就少了焦虑、多了笃定。虽然我们大多数人很难达到"先天下之忧而忧，后天下之乐而乐"的人生境界，但至少能努力摆脱仅满足于实现"小我"的局限，把自己的人生价值放到社会价值中去，通过利他来利己、通过奉献来索取，也许就能更好体悟到《道德经》中所讲的"以其无私，故能成其私"。

不妨多见贤思齐，见不贤内自省。人的本质是一切社会关系的总和，这就意味着，成长过程中，周围的人对我们的价值观影响很大，所谓"近朱者赤近墨者黑"。《旧唐书·魏征传》载，唐贞观十七年，直言敢谏的魏征病逝，唐太宗李世民流着眼泪说："夫以铜为镜，可以正衣冠；以古为镜，可以见兴替；以人为镜，可以明得失。……今魏征殂逝，遂亡一镜矣！""见贤思齐"，是寻找进德修身的人生榜样，如圣哲先贤、革命前辈、模范人物、先进典型，甚至包括身边有闪光点的普通人。"见不贤而内自省"，则是对照着寻找自己的缺点和不足，以正面榜样作指引，以反面教材作镜鉴。向外比贤士、向内求诸己，不失为提升自我修养的捷径。

不妨多比因少比果。攀比之所以让人焦虑、痛苦，多数是因为我们总去比较结果，而忽略了比较原因。看到周围的人职务晋升、财富增加，只想着一定要努力比他们获得更高的职务、更多的财富，而不去反思他们取得这样的成就背后的原因，是不是比我们更自律、更勤奋、更务实、更主动？不顾这些盲目攀比显然就会陷入"人比人，气死人"的恶性循环。所以，我们不妨多比一比自己与他人在主观努力上的差距，分析自己和他人各自的优劣势所在、优劣势存在的主客观原因，在此基础上，善于把握自己的优势获得信心和动力，从不足之处查漏补缺，找出有待挖掘的潜力和努力方向、改进方法，不断充实自己、升华自己。

岳麓书院讲堂的楹联上有"是非审之于己，毁誉听之于人，得失安之于数"，愿我们都能坚守自己的初心，追求内心的自洽，从容坚定地走好漫漫人生路。

饮酒勿贪杯

陈卫东

> 对贪杯酗酒的危害，元代忽思慧《饮膳正要》早有精辟论述："酒，味苦甘辛，大热，有毒。主行药势，杀百邪，去恶气，通血脉，厚肠胃，润肌肤，消忧愁。少饮尤佳，多饮伤神损寿，易人本性，其毒甚也。醉饮过度，丧生之源。"

酒，一杯含热的水，一种带火的水。俗话说得好："无酒不成礼，无酒不成席，无酒不成欢。"酒在人际交往中可以烘托气氛、增进友谊，酒也能增加灵感、缓解压力、解除郁闷。酒几乎成为人们婚丧嫁娶、相互交往、迎宾待客活动中必不可少的一种媒介，也形成和演绎了许多动人的故事与传说：曹操的对酒当歌、刘伶醉酒、李白斗酒诗百篇、武松打虎等。

有人认为"酒逢知己千杯少""'感情铁'就得'喝吐血'"；有人认为"不抽烟、不喝酒，白来世上走""酒是粮食精，越喝越年轻"；还有人认为"人生得意须尽欢，莫使金樽空对月""穷愁千万端、美酒三百杯"。 但现实生活常常告诉我们：感情不是喝酒喝出来的，君子之交淡如水，酒肉朋友莫当真。 而且，不受控制的贪杯酗酒往往害人害己，"抽刀断水水更流，举杯销愁愁更愁"。

对贪杯酗酒的危害，元代忽思慧《饮膳正要》早有精辟论述："酒，味苦甘辛，大热，有毒。 主行药势，杀百邪，去恶气，通血脉，厚肠胃，润肌肤，消忧愁。 少饮尤佳，多饮伤神损寿，易人本性，其毒甚也。 醉饮过度，丧生之源。"

史料记载，大禹时期仪狄擅长用各种果品、粮食酿造出又香又醉人的美酒。 禹王女儿便把仪狄请到宫里酿酒，以孝敬治水操劳的大禹。 有人趁机饮酒作乐，耽误不少事情。 大禹归来品到美酒后，昏睡过去。 酒醒后，大禹召集臣子说："酒虽好喝，但难免会误事。"断言"后世必有以酒亡其国者"！大禹下了一道戒酒令，不准人们再酿酒饮酒。 这是中国历史上的第一道戒酒令。 仪狄回家后，将酿酒技术一代代传下来。 商纣王饮酒作乐，把仪狄的传人喊到王宫大量酿酒，沉迷"酒池肉林"，结果，商朝亡国。 后人说："禹王戒酒传天下，纣王酗酒失天下。"

"竹林七贤"之一的嵇康在《家诫》中也谆谆告诫儿子："又惯不须离搂，强劝人酒，不饮自已；若人来劝己，辄当为持之，勿诮勿逆也；见醉薰薰便止，慎不当至困醉，不能自裁也。"嵇康这样铁骨铮铮的硬汉，在临刑前，写了一篇《家诫》，劝诫他十岁的儿子嵇绍：别人喝醉后不要再纠缠他，不要强行劝酒，不喝就算了。 如果人家来劝你，那就端杯共饮，不必拒绝。 到有点醉意的程度就停下来，注意不要喝到大醉，以致不能控制自己……一字一句堪称"苦口婆心"，可以体味到嵇康对自己小儿子的拳拳之心，这是父亲对儿子最后的忠告，也是最深沉的爱。

临近年节，虽然我国酒文化历史悠久，但我们应该做到喝酒有度，学会自控、自爱、自重。 贪杯一时爽，醒后悔断肠。 既然酗酒对身体无益，对社会有害，对个人的发展是个威胁，又何必花钱买罪受呢？ 酒再美，莫贪杯；酒再好，莫迷醉。 人生如酒，别贪；人生如杯，别满。

从"心"出发

董雪丹

一个有智慧的人，不会仅仅将物欲作为毕生追求，必定会重视自己的精神修养，让自己的内心澄明、澄澈。 一个内心澄明的人，做事时可以不是为了工资，不是为了提拔，就是单纯地想把事情做好、做成，摒弃杂念，全心投入地去做，这样纯粹地做事，往往不仅可以把事情做好，同时还可以获得快乐、获得成长！

或拿自己与别人比，或拿别人与别人比，这是现实中最常见的。 小时候比成绩好坏，长大后比赚钱多少、比官大小，走个路都要在微信里比步数排名……在这个比的过程中，有人开玩笑"老婆是别人的好，孩子是自己的好"，其实，在生活中往往又不自觉地把"别人家孩子"挂在嘴边，以表达在比较之中对自家孩子的不满。 很多人不想让孩子输在起跑线上，结果是起跑线越来越前移，孩子的书包越来越沉重，孩子的补习班越报越多，比之手段也越来越多，为达目标不惜筋疲力尽，比的结果，当然是"有人欢喜有人愁""人比人气死人"，许多人的焦虑，也都来源于比。

但在这个世界上，似乎又很难脱离这个比字，也很少有人能够放过自己。《荀子》中说"人之生不能无群"，人生如果什么都不比，似乎也不可能。 毕竟，人的本质是一切社会关系的总和。

那么，如果非要去比，到底该比什么？ 怎么比？

蒋勋在《生活的美就在于从容不迫》一文中说："我的第一堂美学课，其实是母亲给我上的。 我们过去经常会走到院子里去看一朵花、一片叶子，做很多没有目的的举动，她不像其他大人，看到小孩没事做的时候会慌张。"你看，蒋勋的母亲没有拿他和其他小孩子去比学习，反而让他学会了"母亲的这种不慌张"，成就了一个美学大师美的启蒙。

蒋勋在文中写道："在大学教书的时候，每年四月，羊蹄甲红成一片，上课的时候我都可以感觉到，十八九岁正在恋爱的年轻人，根本就没有心思听课。 我会停止上课，带学生去花下坐一个钟头，聊天，或什么都不做。"当然，他也强调："不是每天都要如此，而是教育者偶尔要带孩子出去看花，去听海浪的声音，让他们脱掉鞋子去踩沙滩。"我相信，这种顺其自然的无功利的教育、这种潜移默化的对美的陶冶，会让他的学生铭记一生，"重新找回他们身体里的很多渴望"。

这里就没有比吗？ 细细想来，也有。 比的是一种认知，比的是如何让自己活得更真实、更有味道，这种感觉，让我想起《道德经》里的"为无为，事无事，味无味"。这就需要一种真正能从"心"出发的认知，适当地放过自己，问问自己内心真正所想，想想自己认为怎样的生活更有价值。

但在现实生活里，有些人为了更大的房子、更好的车子、更高的位子，不停地追逐，执着到不择手段。有的人用"知其不可而为之"来美化这种追逐，这当然是曲解，孔子这句话是让人心生敬意的，知道一件事情办不成，但是还孜孜不倦，透出的是境界，是诚意，是对事业锲而不舍的追求精神。在物质追求上，孔子是非常欣赏颜回的，虽过着"一箪食，一瓢饮"的生活，却能静下心来追求学问。

有趣的是，在《庄子·人间世》中也有一句："仲尼曰：知其不可奈何而安之若命，德之至也。"这句话前面还有两个前提："孔子说，侍奉双亲的人，无论什么样的境遇都要使父母安适，这是孝心的最高表现；侍奉国君的人，无论办什么样的事都要让国君放心，这是尽忠的极点。"《论语》和《庄子》里这两句看似矛盾的话，却并不矛盾，因为他们都是从"心"出发。毕竟，做儿女的要遵从自然的天性去尽孝，做臣子的要遵从道义的标准去尽忠，对自己，才可以"知其不可奈何而安之若命"，知道无可奈何就顺其自然，用平和的心态去面对，这才是道德修养的最高境界。

究竟是该注重外在物质享受的追求，还是适可而止，更注重内在自我的修养？比如拥有一辆车，有的人要讲牌子、讲面子，总是看到别人的车比自己的好，心中充满了不平衡、不愉快，心一直都是穷的。 而有的人只要能达到出行方便快捷，哪怕只是最普通的，就很知足，就很有幸福感。 说到底，欲海无边，知足是岸，也就是《道德经》里的四个字：知足者富。

一个人如果深陷欲海不能自拔、贪婪无度不知有止，就会失去生命中的灵性与智慧，错过人生中许多好的机缘与福报。《庄子·大宗师》有言："其嗜欲深者，其天机浅。"当然，有些"欲"是生存需要，是不得不做的。 但过多的物欲会蒙蔽一个人的智慧，更严重的会让人失去做人做事的根本和底线。

曾仕强老先生曾将此语反过来讲：嗜欲浅者天机深。 一个有智慧的人，不会仅仅将物欲作为毕生追求，必定会重视自己的精神修养，让自己的内心澄明、澄澈。 一个内心澄明的人，做事时可以不是为了工资，不是为了提拔，就是单纯地想把事情做好、做成，摒弃杂念，全心投入地去做，这样纯粹地做事，不仅可以把事情做好，同时还可以获得快乐、获得成长！ 一个"天机深"的人，会在适当的时候，让自己停下来，让心静下来，让心灵和外界达到和谐融通的状态，可以在春天看到柳树发芽，在冬天看到蜡梅开花。

让书香浸润生活

展平原

> 读一本好书，就是和许多高尚优秀的人谈话。 读书尤其是诵读经典名著，如同一股清流，慰藉了无数恐惧、紧张、疲惫的心灵，为人带来温暖、振奋、感动和启迪。

你有读书的习惯吗？ 过去一年，你读了几本书?

统计资料显示，2022 年我国成年国民人均纸质图书阅读量为 4. 78 本，人均电子书阅读量为 3. 33 本。 与世界阅读氛围浓厚的国家相比，国民阅读现状依然有许多不尽如人意之处。 不少人心安理得地为自己不读书找很多借口，但就是没有为读书创造机会。

很多人不是打游戏就是刷视频，要不就是刷微信、煲剧……有些人从不阅读，有些人偶尔阅读，长期坚持阅读的人少之又少，有深度、促思考的经典名著更是少有人问津。 父母本身没有阅读的习惯，孩子岂会热爱读书？ 家庭氛围和社会环境对读书习惯的影响，导致相当数量的现代人没有养成阅读习惯。

"书卷多情似故人，晨昏忧乐每相亲。"当下快节奏的生活导致人们压力增大，读书是一种能够调整心态、缓解压力的方式。孟子谓万章曰："一乡之善士，斯友一乡之善士；一国之善士，斯友一国之善士；天下之善士，斯友天下之善士。以友天下之善士为未足，又尚论古之人。颂其诗，读其书，不知其人，可乎？是以论其世也。是尚友也。"

这段话的意思是，孟子对弟子万章说："一个乡的优秀人物就和一个乡的优秀人物交朋友，一个国家的优秀人物就和一个国家的优秀人物交朋友，天下的优秀人物就和天下的优秀人物交朋友。如果认为和天下的优秀人物交朋友还不够，上溯古代的优秀人物。吟咏他们的诗，读他们的书，不知道他们到底是什么人，可以吗？所以要研究他们所处的社会时代。这就是上溯历史与古人交朋友。"孟子的言外之意就是：读一本好书，就是和许多高尚优秀的人谈话。读书尤其是诵读经典名著，如同一股清流，慰藉了无数恐惧、紧张、疲惫的心灵，为人带来温暖、振奋、感动和启迪。

如何有效地阅读经典呢？朱熹在《训学斋规》中告诉我们有便捷的方法："读书有三到，谓心到，眼到，口到，心不在此，则眼不看仔细，心眼既不专一，却只漫浪诵读，决不能记，记亦不能久也。三到之中，心到最急。心既到矣，眼口岂不到乎。"翻译过来就是：读书有三到，谓心到、眼到、口到。心思不在书本上，眼睛就不会仔细看，心和眼既然不专心致志，只是随随便便地读，就一定不能记住，即使记住了也不能长久。三到之中，心到最重要。心既然已经到了，眼和口难道会不到吗？

读书方法有了，接下来贵在坚持，坚持积累。老子的"千里之行，始于足下"，我们已经很熟悉了，原文是这样说的："合抱之木，生于毫末。九层之台，起于累土。千里之行，始于足下。"庄子有一句话"其作始也简，其将毕也必巨"，意思与之相近。"作始"就是开头，"简"就是很少、简略的意思，"将毕"就是快结束的时候，"巨"就是巨大、伟大。"其作始也简，其将毕也必巨"，这句富有哲理的话可以作为我们读书过程的真实写照。

坚持阅读，需要我们的耐心和毅力，我们付出大量的时间和精力，绝不会是一件轻松的事情。所以，有人放弃了，而有人在坚持。加油，我们要做那个坚持读书的人，让书香浸润我们的生活。

"厚德"方能"载物"

陈振东

"厚德载物"作为中国哲学的基本精神，体现了古人对自身道德修养及人与社会、自然普遍和谐的追求，并积淀为中国人的民族精神和文化品格。

根据"七一勋章"获得者张桂梅老师真实事迹改编的电影《我本是高山》上映后，备受社会各界关注。 观众无不为张老师"坚守教育报国初心，牢记立德树人使命，扎根贫困地区40多年，倾力建成全国第一所全免费女子高中，让1600余名贫困山区女学生圆梦大学"的先进事迹所感动，更为她"厚德载物"的精神追求所感动。

"厚德载物"典出《易经》，其原文为"地势坤，君子以厚德载物"。"厚德"就是增加道德、学问、修养；"物"则是指万物，既包括草木鸟兽，又包括人类。"厚德载物"，意思就是指要拥有宽广的胸怀，包容万物、博采众长，这既是对大地承载万物之德的描述，也是对崇高道德理想的不懈追求。

"厚德载物"作为中国哲学的基本精神，体现了古人对自身道德修养及人与社会、自然普遍和谐的追求，并积淀为中国人的民族精神和文化品格。自古至今，"厚德载物"成为为人处世乃至治国理政的重要原则，也是人们推崇的道德标准。

今天，"厚德载物"仍是中华儿女的精神追求和价值取向。"时代楷模"张富清老人就是这样做的。他一生都秉承"厚德载物"理念，践行"厚德载物"的做人原则。他作为西北野战军的突击队员，迎着枪林弹雨冲锋在前，战功卓著，是董存瑞式的战斗英雄。他退伍转业，在湖北来凤县的艰苦山区奉献一生。他左腿截肢，为了不给组织添麻烦，更为了让子女"安心为党和人民工作"，装上假肢，顽强地站了起来。他96岁，仍然坚持学习，不愿被时代抛弃。张富清老人用行动彰显了"厚德载物"的高尚品格，也体现了一名优秀共产党员的责任和担当。

"国势之强由于人。"中华人民共和国成立以来，我们之所以能书写翻天覆地的壮丽史诗，正是因为我们国家在各个领域涌现出了像张桂梅、张富清这样一生心系国家与人民的时代英雄。我们为拥有这样的时代英雄感到骄傲和自豪。同时，我们更应该以他们为榜样，始终坚守"厚德载物"的高尚品格，肩负起时代赋予我们的使命和重任。

厚德载物，臻于至善。几千年来，"厚德载物"塑造了中国人博大、宽厚、务实的精神风貌，它是我们中华民族的生命睿智、人生境界和精神气象。今天，"厚德载物"精神已经潜移默化地渗透进人们生活的方方面面：在人与人关系上，体现为宽以待人、虚怀若谷；在人与自然关系上，体现为善待万物、和谐共生；在人与国家、民族关系上，体现为无私奉献、不懈奋斗。

习近平总书记多次在重要讲话中引述"厚德载物"的典故，强调"国无德不兴，人无德不立"。"厚德载物的精神追求"，既是对中华优秀传统文化精髓的概括提炼和传承发展，也为实现中国式现代化提供了重要的价值指引和精神支撑。

曾子曰："士不可以不弘毅，任重而道远。"践行"厚德载物"精神需要通过实际行动来实现。可以从自身做起，提高自己的素质和道德水平，从而承担起自己的社会责任。同时，在工作和生活中，也需要多关注身边的人，关爱他们，协助他们解决问题，为社会创造更多的价值。

从"鸡娃"到"愚且鲁"

李硕

不同于现代人推崇的"鸡娃",历经磨难的苏轼就希望自己的孩子能够"愚且鲁"、不那么聪明,也就少些烦恼、"无灾无难",他在《洗儿》中说:"人皆养子望聪明,我被聪明误一生。惟愿孩儿愚且鲁,无灾无难到公卿。"

邻居家又传来家长辅导作业的"河东狮吼"和孩子歇斯底里的"反抗",每到周末,这样的"战争"总要上演几场。暴躁的父母、敏感的孩子,本该和睦的家被满满的焦躁、委屈充斥着,似乎形成了一个怪圈,你不理解我,我也不懂得你,明明是最在乎的人,却忍不住互相伤害。时下流行的网络热词"鸡娃",说的就是那些望子成龙、望女成凤的"虎妈""狼爸",为了让孩子学习好,不断地给孩子加压、"打鸡血"。

随着生活和工作节奏的加快,社会竞争急速加剧,这样的"家庭斗争"比比皆是。如今的很多青少年,已经不是无忧无虑、肆意疯玩的一代了，身处"鸡娃"热潮的他们，在"两眼一睁，开始竞争""提高一分，干倒千人"的口号感召下，很容易滋生负面情绪，易怒、嫉妒、偏激等，让原本和谐愉快的人际关系变得紧张、疏离，随之而来的问题也日益凸显。2023 年 10 月 10 日，在第 32 个"世界精神卫生日"发布的《2023 年度中国精神心理健康》蓝皮书中指出，中小学生的抑郁检出率高达 40%。

这可怕的数字是怎么形成的？ 不论大人还是孩子，敏感、多疑、想得太多，很多时候让人不快乐；开朗、乐观、大大咧咧，反而让人更容易遇见美好。 这就让我想到日本作家渡边淳一提出的一个词——钝感力。 钝感力，顾名思义就是拥有迟钝感的能力，不那么敏感、不那么执拗、不那么快去做决定。

其实我们的先贤，早就告诉过我们这种人生智慧：要"难得糊涂"，应"大智若愚"。"大勇若怯，大智如愚"出自苏轼的《贺欧阳少师致仕启》，意思是勇敢的、有智慧的人往往不露锋芒，表面看上去有点怯、有点拙，像是不太灵光，却蕴含着大智慧，实实在在解决了很多棘手的问题，是仁厚和睿智的反映。《道德经》中也有类似的句子："大直若屈，大巧若拙，大辩若讷。"

在孩子的教育上，家长在望子不成龙的时候不如缓一下，想想自己有没有长出龙鳞，或者在孩子缺的地方"钝"一点，在孩子闪光之处"敏"一些，是不是就和谐了呢。 孩子在钻进死胡同的时候，不如行动力迟缓一些，别那么快做决定，等一下或许就能看到转角处的柳暗花明。

360公司创始人周鸿祎曾经告诫年轻人："人在年轻的时候，还是应该迟钝点，让自己的心变得粗糙点，能够承受各种锻炼和痛苦。"尤其在节奏飞快、竞争激烈的现代社会，有时候太过敏感更容易受伤，难以在人生的道路上走得长远。迟钝的人因为对环境的变化反应迟缓，对挫折的反应也就缓慢，反而更能从容面对生活中的挫折和伤痛，坚定地朝着自己既定的方向前进。电影《阿甘正传》里的主角，是一个智商只有75的低能儿，经常受欺负，但也正是由于他的迟钝和单纯，成了人生赢家，被欺负着进了大学，成为橄榄球明星、乒乓球队员、战斗英雄、大富豪。面对失败挫折、批评指责、嘲讽打击等逆境时，迟钝些，就有了缓冲，就显出了心理的强大，逆商高了也就更具有竞争力。

不同于现代人推崇的"鸡娃"，历经磨难的苏轼就希望自己的孩子能够"愚且鲁"、不那么聪明，也就少些烦恼、"无灾无难"，他在《洗儿》中说："人皆养子望聪明，我被聪明误一生。惟愿孩儿愚且鲁，无灾无难到公卿。"我们面临各种压力和挑战，有时候需要具备一种看似迟钝、拙笨，实则大智若愚的生存智慧，以平和、泰然的心态去应对生活中的挫折、批评和伤害，从而减轻心理压力，保持身心放松。家长的"鸡娃"，往往让孩子压力更大，更加敏感、脆弱易受伤，也更容易出现心理问题。这时候，家长若是也同样敏感，恐怕事情的走向并不美好。 大智若愚者，深藏不露，以无招胜有招，家长要做的无非是少一点质疑，多一些支持和陪伴，不把消极情绪发泄到孩子身上，多关注一些孩子学习成绩以外的事情，面对问题晚些反应，想好了对策再反应，实在不行就让孩子出去跑一圈、睡个好觉，说不定就能消除彼此的压力，乐见成长。

热衷于"鸡娃"的家长，还是要尽量放下心中的执念，钝一点，拙一些，让孩子是孩子，让学生爱学习。 一念放下，万般自在。 不纠结，不计较，心情自然就会变好。 心情好了，人生处处皆欢喜。

黄金时代，不在过去，乃在将来

王泽昆

胡适曾在《赠与今年的大学毕业生》中有过一段广为流传的发言，我想把这段话与包括我的表妹在内的青年人共勉："朋友们，在你最悲观最失望的时候，那正是你必须鼓起坚强的信心的时候。你要深信：天下没有白费的努力。成功不必在我，而功力必不唐捐。"

开学已经俩月有余，正在读大学四年级的表妹却怎么也不愿意去读书了，她请假在家，看直播、追剧、学美妆技巧、打卡网红店铺，学习似乎从她的生活中消失了。舅妈很担心，让我劝劝她。于是，我们之间有了这样一段对话。

"怎么不去上学？"

"哦，我躺平了。上学有什么用？卷了这么多年，毕业不过糊口而已。我想先停顿一年，以后的事情以后再说吧。"

"时间不等人，可以短暂停留，但不要忘了当初为什么出发。你学的专业是数学，当初选择这个专业的时候，你想的是投身基础学科，加快实现我国科技自立自强的步伐，解决'卡脖子'技术难题。当初的你是何等意气风发，今天的你为何只想躺平？科技的进步、个人的成果，能从天上掉下来吗？"

我一番说教之后，只换来了表妹四个字的评语"老气横秋"，令我哭笑不得。

躺平，已经不是一个新鲜词。它在人们工作、学习等场景中被频繁使用，传递了时下一部分年轻人的心态：社会物质丰裕下的安于现状、时代开阔变迁中的犹疑观望、发展再攀高峰时的畏难情绪。

躺平，还带有情感色彩。它不仅是一种心态，还传递一种情绪。在一部分年轻人心目中，躺平的反向是内卷，这两个词意义不同，躺平能得到不少理解支持，内卷却带着些嘲讽或戏谑。

时代大潮滚滚而来，今天的大好形势，来得何等辛苦、几多不易？全面建成小康社会，让中华民族更加自信、自立、自强，屹立于世界民族之林。在新征程上，年轻人何言一个"躺"字？

春秋时期，先贤孔子有教无类，开设杏坛，收徒三千。他经常劝诫学生不要贪图安逸享乐，要用心读书，努力奋斗。在《论语·阳货》中有这样的记载，子曰："饱食终日，无所用心，难矣哉！"在《论语·卫灵公》中，孔子这样表述："群居终日，言不及义，好行小慧，难矣哉！"

无论是"饱食终日，无所用心"，还是"言不及义，好行小慧"，都直指今天躺平的根本问题：贪图一时的安逸，依仗一点小聪明，停下思考的脚步。而这两个"难矣哉"也给大学问家梁启超留下了深刻的印象，他在《敬业与乐业》中这样说："可见人生一切毛病都有药可医，惟有无业游民，虽大圣人碰着他，也没有办法。"

向下扎根，方能向上生长。换位思考，我能理解今天一部分年轻人对躺平的看法和态度，除了放松身心之外，也许还有一些对前途不可预知的恐慌。但我想说，未必每一滴汗水都能够在当下有所报偿，但只要拥有理想和为之奋斗的勇气，终有一天能翻山见海。

困难总是一时的，发展中的困难必然能在发展中解决。一时之间的不理解、想不通，或者疲惫难言，休息一下也许不失为一个好选择，但不要为一时的风景忘记了出发时的初心。正如中国共产主义运动的先驱李大钊所说："黄金时代，不在我们背后，乃在我们面前；不在过去，乃在将来。"

说了这么多，对今天的年轻人来说，也许不够轻松，"太紧绷"了。最后，我想分享一个来自佛教的成语——功不唐捐。唐捐，就是白白丢掉的意思。功不唐捐，是指所下的功夫、付出的努力不会白费。胡适曾在《赠与今年的大学毕业生》中有过一段广为流传的发言，我想把这段话与包括我的表妹在内的青年人共勉："朋友们，在你最悲观最失望的时候，那正是你必须鼓起坚强的信心的时候。 你要深信：天下没有白费的努力。 成功不必在我，而功力必不唐捐。"

踵步千里，滴水汪洋。 希望，也许就在下一个春天。 我们一起努力，好吗？

宽容是一种美德

刘猛

"宽容［来源于拉丁语 tolerare 忍耐］：容许别人有行动和判断的自由，对不同于自己或传统观点的见解的耐心公正的容忍。"美国作家房龙在《宽容》一书中极力赞扬宽容这种美德，他认为宽容不是基于无知的无原则避让，而是一种智者的包容。

现实生活中，不少人因琐事随意谩骂、抱怨吐槽，有的更是"得理不饶人"，抓住对方的过失不依不饶、大做文章。 网络戾气在滋生蔓延，网络暴力事件频繁发生，很大程度上是人们缺乏用一种宽容的心态去理解他人、尊重不同的意见。

历览前贤著作，字里行间处处透露着导人向上、向善的微言大义。 父慈子孝、兄友弟恭的和睦家庭，民胞物与、合和天下的美好社会，都需要人与人之间互相包容、彼此谅解。

孔子的忠恕之道是他的弟子曾参悟出来的，《论语·里仁》："子曰：'参乎！ 吾道一以贯之。'曾子曰：'唯。'子出。 门人问曰：'何谓也？'曾子曰：'夫子之道，忠恕而已矣！'"子贡询问有没有一个字是可以终身奉行的，孔子说："其恕乎！ 己所不欲，勿施于人。"孔子提倡的"恕道"就是要推己及人，对别人的不足或缺陷能予以宽容和谅解。 孔子还说："躬自厚而薄责于人，则远怨矣。"就是严格要求自己，宽容体谅他人，不苛责他人。

孟子云："取诸人以为善，是与人为善者也。 故君子莫大乎与人为善。"在孟子看来，践行"仁者爱人"理念的最好方法就是学会宽容、懂得尊重、与人为善。 齐桓公选择宽容，任用管仲，实现了"九合诸侯，一匡天下"的霸业；唐太宗选择宽容，信任魏征，君臣之间互相成就。 现代社会人际关系复杂，善恶是非难辨，小到人与人之间，大到国与国之间，缺少了宽容，便会横生枝节、纠纷不断，最后两败俱伤。

东海西海，心同理同。"宽容［来源于拉丁语 tolerare（忍耐）］：容许别人有行动和判断的自由，对不同于自己或传统观点的见解的耐心公正的容忍。"美国作家房龙在《宽容》一书中极力赞扬宽容这种美德，他认为宽容不是基于无知的无原则避让，而是一种智者的包容。 人类历史在某种意义上就是一部宽容与不宽容撕裂的斗争史。

近来，无论是对电影《我本是高山》的大加非议，还是因看不惯海底捞员工的"科目三"舞蹈而肆意吐槽，暴露出一些人不能理性看待身边的人和事，不能宽容地思考问题。

一个和谐的社会环境，离不开大家的共同努力，生活、工作本已焦头烂额，何苦还要沉浸在无休无止的愤懑之中。宽容并不意味着软弱，而是一种韧性、一种生活态度，个性解放也不是毫无底线。观点不同可以沟通，理念不同可以互融，倘若一味地专横无理、只想压制对方，那便会适得其反，激起更大的争端。

尽管不宽容现象时有发生，但我们坚信：宽容总有一天会大行其道。环顾当今世界不难看出，要和平不要战争，要交流不要对抗，正成为越来越多有识之士的共识。只有用宽容的方式化解人与人之间的矛盾、国与国之间的纠纷，构建人类命运共同体才能成为现实。

厚养薄葬当提倡

晓潼

《后汉书》中也有记载："古者墓而不坟，中世坟而不崇。仲尼丧母，冢高四尺，遇雨而崩，弟子请修之，夫子泣曰：'古不修墓。'及鲤也死，有棺无椁。文帝葬芷阳，明帝葬洛南，皆不藏珠宝，不起山陵，墓虽卑而德最高。"可见，古人是推崇厚养薄葬之风的，认为一个人孝不孝，不在于死后对父母怎样埋葬、怎样广修坟墓。

前些年，我驻村工作时，感触最深的就是丧事攀比之风甚浓。比如老人过世时，子女不仅要请和尚道士，还要搭台唱戏，更要有酒席招待，不热闹几天是不能下葬的。即便是一些经济条件不好的家庭，宁愿债台高筑也要把丧事办得排场。在当时农村人眼里，丧事越隆重越能显示子女的孝顺，否则脸面无光。待老人下葬后，子女不得不千辛万苦地还债，生活苦不堪言。许多农民常常感慨"死不起了"，渴望能扫除这一陋习，但在当时既无奈也无良策。

要扫除这一陋习，需要从理解真正的孝道开始。"百善孝为先""树欲静而风不止，子欲养而亲不待"都是古人劝人行孝的名言，要在父母健在的时候，多陪伴他们、孝敬他们。古人还说"祭而丰不如养之厚"，意思就是"厚葬"不如"厚养"。农民常常会讲这样一句俗语："生前厚养，实为孝道；归后薄葬，真乃贤儿。"可见，真正的孝子，应当在父母生前厚养他们，在他们的葬礼上节俭。这才是中华民族传统文化里"孝道"的真正含义。

如今，提倡厚养薄葬，不仅是时代的呼唤，也是农村精神文明建设的应有之义和要求。其实，倡导厚养薄葬古已有之。墨子在《节葬下》中写道："棺三寸，足以朽体；衣衾三领，足以覆恶。以及其葬也，下毋及泉，上毋通臭，垄若参耕之亩，则止矣。死则既以葬矣，生者必无久哭，而疾而从事，人为其所能，以交相利也。"他还指出厚葬久丧的危害："今唯无以厚葬久丧者为政，国家必贫，人民必寡，刑政必乱。"对于"薄葬"，《后汉书》中也有记载："古者墓而不坟，中世坟而不崇。仲尼丧母，冢高四尺，遇雨而崩，弟子请修之，夫子泣曰：'古不修墓。'及鲤也死，有棺无椁。文帝葬芷阳，明帝葬洛南，皆不藏珠宝，不起山陵，墓虽卑而德最高。"可见，古人是推崇厚养薄葬之风的，认为一个人孝不孝，不在于死后对父母怎样埋葬、怎样广修坟墓。

风俗当随时代而变，风尚当随时代而立。在大力推进现代乡村文明建设与乡村文化振兴的今天，提倡厚养薄葬尤为重要。在实施乡村振兴的热潮中，提倡厚养薄葬，可谓正当时也。"厚养"就是让父母生前能够居安食美，心畅神爽，颐养天年；"薄葬"就是在老人过世后节俭下葬，并不是简单处理了事，而是反对奢靡丧葬。

但是，由于长期以来，农民中形成的根深蒂固的厚葬习俗和观念，要倡导推行厚养薄葬，绝非易事。厚养容易被接受，薄葬却是难点。尽管广大群众对薄葬的好处了如指掌，但受攀比之风、人言可畏等因素影响，很多做子女的在父母离世后很难下定决心薄葬他们。要突破这一难点，关键在于打破思想藩篱。因此提倡厚养薄葬，需要政府和社会共同推进，形成合力。

近年，我市在农村扎实开展了"文明新风"行动，引导农村将厚养薄葬纳入《村规民约》，纳入文明村镇、星级文明户、文明家庭和道德模范、周口好人等各类文明评选标准，着力营造移风易俗的社会环境。此举深受广大群众的欢迎和好评。但要在全市农村形成文明节俭的丧葬之风，却并非一时一日之功，需要常抓不懈、久久为功。

乡贤的力量

李保国

何谓乡贤，孟子谓万章曰"一乡之善士，斯友一乡之善士"，明代汪循认为"古之生于斯之有功德于民者也，是之谓乡贤"，顾名思义，就是指当地品德高尚、才能出众、乡民信服、威望颇高、各方面都具有声望的人。

何谓乡贤，孟子谓万章曰"一乡之善士，斯友一乡之善士"，明代汪循认为"古之生于斯之有功德于民者也，是之谓乡贤"，顾名思义，就是指当地品德高尚、才能出众、乡民信服、威望颇高、各方面都具有声望的人。他们能为乡村出谋划策，解急救困，调解邻里矛盾，是乡村文化建设的核心力量。

农业农村部、国家发展改革委等九部门也联合印发《"我的家乡我建设"活动实施方案》，倡导各地引导品行端正、有能力、有影响、有声望、热衷家乡建设事业的专业人才、经济能手、文化名人、社会名流等能人，回乡参与建设；鼓励引导退休干部、退休教师、退休医生、退休技术人员、退役军人等回乡定居。这些人，不论以前从事什么工作、有什么特长，只要有反哺桑梓的意愿，都应在乡贤之列，乡村振兴期待他们归来，需要他们参与。

汉朝的"孝廉"，就是由官方推荐的乡贤。魏晋南北朝时期，汉朝的乡贤文化继续发展。隋唐的科举制度，打开了寒门子弟通往仕途的大门。得益于国家统一、社会稳定，百姓安居乐业，文化思想繁荣，乡贤文化在隋唐时期迅速崛起，唐朝还有专门书籍记载乡村的发展状态。《史通·杂述》中记载："郡书者矜其乡贤，美其邦族。"唐朝的时候，乡贤文化开始普及，乡贤对社会文化生活的影响也被放大。宋朝，吕大钧在其家乡蓝田建立了乡贤参与农村基层治理的相关组织机制，制定《吕氏乡约》，建构"德业相劝、过失相规、礼俗相交、患难相恤"农村基层自治的道德伦理原则。明朝，是乡贤文化繁荣和定型时期，乡贤对国家的影响进一步增强，乡贤成为基层民众的精神代表。明朝皇帝朱元璋之子朱梅撰写了《宁夏志》，专门列举乡贤人物，并开始建乡贤祠。到了清代，除了建乡贤祠，还把乡贤列入其所属地区的志书之中，以显示乡贤的地位之高。

乡贤作为中国古代社会基层治理的重要主体，是实现国家政权稳定、政令畅通、文化繁衍不息的重要政治力量。进入新时代，乡贤被赋予新的内涵，中共中央、国务院《关于实施乡村振兴战略的意见》中明确提出要"积极发挥新乡贤作用"。可见,新时期新形势下,在乡村振兴的道路上,乡贤就是生力军、领头雁,是乡村振兴的重要力量。

要让乡贤回得来、留得住。促进乡贤回乡不是简单地动员宣传、召开联席会和座谈会,而应该有针对性的政策支撑。既要利用"乡情牌""亲情牌",积极引导乡贤叶归根、凤还巢,还要制定"关爱牌""政策牌",有效引导乡贤安下心、留得住,最大限度激发他们的内在动力,提升他们的成就感。

要让乡贤做示范、促带动。乡贤都是各行业的精英,要么有技术特长和专业优势,要么有人脉资源和信息平台,我们要广泛凝聚乡贤力量,深挖乡贤资源,让他们充分发挥自身优势,在乡村振兴中"唱主角""挑大梁""当头雁",充分发挥引领和示范作用。我们要打好乡贤文化、乡贤助农、乡贤招商、乡贤公益"组合拳",帮助引导乡村在产业振兴、基层治理、乡风文明等方面提档升级。

要让乡贤获荣誉、有地位。乡贤声名在外,有一定的威望和影响力,他们的贡献也需要得到认可、获得奖励,我们要有乡贤专项奖励、表彰机制。鼓励乡贤按程序进入村"两委"班子、村理事会等,动员乡贤进入乡村红白理事会和矛盾纠纷协调化解中心。

在乡村振兴的赛道上,乡贤大有可为,他们的经验、学识、特长、资源、财富不可或缺,他们是参与乡村治理的重要力量，他们身上散发出来的道德光芒，反哺了桑梓，温暖了故土，凝聚了人心，促进了发展，为乡村振兴注入了强大活力。

生命在于补短板

蔡斌

所谓"没心没肺""能吃能睡",是不去想;所谓"宠辱不惊""物我两忘",是不愿想。"难得糊涂"是被动地适应,"独出己见"是主动地选择,目的都是一样的,就是把能忘记的东西尽快忘掉,把该扔的东西全部扔完。

"寄蜉蝣于天地,渺沧海之一粟,哀吾生之须臾,羡长江之无穷。"人生苦短,所以人们总是想把生命拉长一些。

《吕氏春秋》云"流水不腐,户枢不蠹",是主张动的。生命在于运动,运动在于坚持,许多人崇尚强身健体。 苏东坡"不拘昼夜,坐卧自便",是主张静的。 蜉蝣翻飞一日寿,龟卧泥潭千年活,许多人向往清静无为。 当然,这么重大的话题更不乏中庸之道,也有人主张"动以养形,静以养神,动静兼修"。

期盼延年益寿、长生不老。 关于如何长寿的学说浩如烟海，关于如何健身的研究令人目不暇接，不同层次的人不约而同地做着同一件事——活长一些。 从宫廷秘方到民间秘籍，从不老神功到益寿仙丹，从高科技到新发明，从绿豆汤到十全大补丸，还有无数的心灵鸡汤，林林总总，令人目眩。

养生，对于很多人来说是可望而不可即的。 不是想不到，而是做不到；不是不懂，而是不能。 很多人在不断地透支青春和生命，从十年寒窗，到事业有成，每一步都要奋斗和拼搏，为了自己活得好一点，为了家庭过得好一点，在巨大的社会压力下，"只要累不死，就往死里干"。 等到稍微可以喘口气时，已是身心疲惫、伤痕累累。 很多时候，生命的数量和质量不能兼得，你只能做出"单项选择"。

养生，不是刻意长强项，而是努力补短板。 生命同样适用于"木桶理论"，决定因素不是长板有多长，而是短板有多短。竞技体育、极限运动、意志磨炼都属于长强项，可能会使强项更强，但同时也会使短板更短。 明白了这个道理，就能跳出误区，多做补短板的事情。 睡眠不好就调理睡眠，脾胃不行就健脾养胃，膝盖有伤就不要剧烈运动，厌恶嘈杂就静心独处。

养生，没有一个人可以复制别人的模式。 冬泳可以健身，暴走可以锻炼，益气汤能扶正祛邪，这些都可以有，但并不一定适合你。 绿茶虽香，有些人不能饮一口；水果虽甜，有些人不能品一鲜。 每个人的遗传因素不同，每个人的成长环境不同，身体条件、心理发育都是独特的个体，只有适合自己的养生方式才是最好的选择。

养生，就是多做让人身心愉悦的事情。在无法注重养生时，不要放纵损害健康的行为习惯，不要使日后补短板的工作得不偿失。当你闲暇养生时，就不要再"自寻痛苦"，不要追逐"几十年如一日"和"风雨无阻"的炽烈，不要在意旅途是"抱团"还是"单溜"，不要羡慕"驴友"的潇洒，不要纠结锻炼的强度大小，不要非得走多少步、出多少汗。一个家务缠身的人和一个生活安逸的人都能活出自己的天地，飘逸的太极拳和惬意的养花遛鸟在身心锻炼上并没有实质区别。要理智对待自己的身体条件和生活环境，不攀比，不勉力而行。如果你跑完步后身体疲惫，就赶快停止；如果你跳完广场舞后难以入眠，就不要再入群。只要身心舒畅，举手投足，动静皆宜，顺其自然。

生命只是一个不希望有终点的过程，不同的人生观演绎着不一样的精彩。所有人都希望人生的强项更强，活出精彩和张狂，没有人在意短板有多短，顾影自怜，也可能"蚌病成珠"。所谓"没心没肺""能吃能睡"，是不去想；所谓"宠辱不惊""物我两忘"，是不愿想。"难得糊涂"是被动地适应，"独出己见"是主动地选择，目的都是一样的，就是把能忘记的东西尽快忘掉，把该扔的东西全部扔完。从容地面对生活，不人云亦云，不随波逐流，不陷入健康恐慌，就是实实在在的养生。

生命如此，人生亦如此。没有快乐的世界，只有快乐的心情。

莫让"媒妁之约"变成"没数之约"

刘博

《朱子家训》有言："嫁女择佳婿，毋索重聘；娶媳求淑女，勿计厚奁。"这是著名教育家朱柏庐向我们展示的圣哲先贤的智慧，最需要看重的是"佳婿""淑女"，而非"重聘""厚奁"，缔结婚姻关系更应看重人的品行，对于彩礼、嫁妆之类的物质应"毋索""勿计"，有之即可，量力而行。

近年，"天价彩礼"频频见诸网络、报端，引发社会关注，因彩礼纠纷引发的民事、刑事案件不断出现，而部分贫穷落后的农村地区往往是这些现象、事件发生的重灾区。中国是礼仪之邦，礼仪文化经过代代传承，已经深深融入国人生活，彩礼作为男女双方缔结婚姻的见证，寄托着婚姻幸福美满的美好祝愿。如果让"天价彩礼"与婚姻捆绑，让纯洁的"媒妁之约"变成彩礼数额没有上限的"没数之约"，那么带有良好寓意的彩礼只会成为婚姻的负担，让爱情变质、变味。

彩礼是中国古代婚嫁习俗之一，源自《仪礼·士昏礼》中的"纳征"一词，具有缔结婚姻关系的证明性质。由于古代女性在社会、家庭关系中处于弱势地位，婚后主要承担相夫教子等家庭事务，无法通过自己的劳动获取外部经济来源，因此彩礼还具有保障女性婚后正常生活的象征意义。但在现代社会，男女平等的观念早已深入人心，随着经济社会的发展，彩礼的数额却水涨船高，"天价彩礼"的乱象在不少地方愈演愈烈，让一些农村适龄男青年面对高昂的结婚成本望而却步。

　　冰冻三尺非一日之寒，高额彩礼现象的背后有着深刻复杂的文化、经济等原因。首先是传统的封建思想作祟。受农村地区重男轻女的传统思想影响，女孩儿被父母看作"外人"，即早晚要嫁人跟随男方生活，因此彩礼被视为对女方原生家庭养育孩子多年的补偿，而低收入家庭更是将彩礼当作一次重要的收入来源，以此来补偿女性劳动力出嫁的损失。其次是不良的攀比心态影响。在农村地区，高额的彩礼往往被视为女孩儿嫁得好的标志。谁家彩礼收得多，谁家就有面子；谁家彩礼收得少，很可能被人认为男方家庭条件不好或者女方家中有特殊原因。在这种心态影响下，当地慢慢形成了彩礼的"市场价"，大多数家庭谈到彩礼数额都不会低于"市场价"标准，即使有的家庭对彩礼不是那么看重，也会碍于面子，不得已向"行情"妥协。再次是农村地区男多女少这一现实的助推。近年，随着农村青年进城务工的比例越来越高，农村姑娘嫁到城市的也越来越多，但城市姑娘嫁到农村的寥寥无几，农村地区男多女少问题进一步加剧。 因此，适龄女性在农村成为"稀缺资源"，广大男青年想要娶上媳妇自然得比较"谁掏的钱多"，男方条件不好的，就要拿出更多的彩礼才能"突出重围"，进一步催生了高价彩礼这一现象。

《朱子家训》有言："嫁女择佳婿，毋索重聘；娶媳求淑女，勿计厚奁。"这是著名教育家朱柏庐向我们展示的圣哲先贤的智慧，最需要看重的是"佳婿""淑女"，而非"重聘""厚奁"，缔结婚姻关系更应看重人的品行，对于彩礼、嫁妆之类的物质应"毋索""勿计"，有之即可，量力而行。 因此，在大力弘扬社会主义核心价值观的今天，我们理应对高价彩礼说不，让彩礼回归"礼"性，让婚姻始于爱情。

多年来，国家一直倡导移风易俗、改变婚姻陋习。 2021年施行的《中华人民共和国民法典》第一千零四十二条明确规定"禁止借婚姻索取财物"；2022 年 8 月，农业农村部、中央文明办、民政部等八部门联合印发《开展高价彩礼、大操大办等农村移风易俗重点领域突出问题专项治理工作方案》；2024年 2 月 1 日施行的《最高人民法院发布关于审理涉彩礼纠纷案件适用法律若干问题的规定》，也从法律适用规则方面助力引导人民群众更加理性看待彩礼问题……这些都彰显了中央层面治理高价彩礼、推动文明乡风建设的决心。 不少地方政府也因地制宜，通过强化村规民约、党员干部带头等措施手段，积极推进婚俗改革，取得了一定成效。

除了法律和政策支撑，狠刹高价彩礼歪风，关键还在于社会观念的转变。《论语·学而》中提到"礼之用，和为贵"，意思是礼的作用在于使人的关系变得更加和谐。 彩礼作为中国传统婚姻习俗之一，如果因高价彩礼引发不快甚至产生纠纷，就失去了礼仪的本质属性，也使本应充满人情味的美好仪式变成充满铜臭味的金钱交易。 感情才是婚姻幸福美满的基础，而高价彩礼，有的使一方家庭举债而陷入困境，有的使天生一对无可奈何各奔东西，有的使两个家庭因礼生恨对簿公堂，这就说明高价彩礼并不能保障婚姻稳定，过分重视彩礼金额、忽略感情基础只会给婚姻带来隐患。

生命诚可贵，爱情价更高。 婚姻是爱情的延续，不应以彩礼的金额去衡量，让我们共同倡导理性婚姻观，弘扬健康、节俭、文明的婚嫁新风。

文明标语要文明

常艺泷

宣传标语既是提出者诉求的表达，也是友好关系的敲门砖，应该体现温馨和温暖的特点，倡导文明更应该用一种文明优雅的方式来体现。 只有以文明的方式提示应该做什么、不应该做什么，让人耳濡目染、潜移默化地吸收我们的诉求，才能真正达到润物细无声的效果。

近日，有网友晒出一些"雷人"标语，比如某街道社区的墙壁上写着"停车死全家""乱倒垃圾不得好死"；一些乡村道路两旁悬挂禁烧秸秆的条幅，写成了"一人烧火，全家坐牢"，等等。 之所以出现这些"雷人"标语，究其根源，有的是基层干部文化水平有限，有的是对群众缺乏感情，寄希望于以简单粗暴、威逼式的语言发挥"奇效"，殊不知，这样不仅不能达到教育人、引导人的效果，反而容易引起人们的反感和厌恶。

宣传标语既是提出者诉求的表达，也是友好关系的敲门砖，应该体现温馨和温暖的特点，倡导文明更应该用一种文明优雅的方式来体现。 只有以文明的方式提示应该做什么、不应该做什么，让人耳濡目染、潜移默化地吸收我们的诉求，才能真正达到润物细无声的效果。

子曰："质胜文则野，文胜质则史。 文质彬彬，然后君子。"（《论语·雍也》）"文"相当于文化教养，"质"指朴实本性。 孔子认为，如果人仅仅依朴实本性而行，缺乏文化教养，不免流于低俗粗鄙；如果以文化雕琢掩盖朴实本性，又会流于浮华虚伪。 前者的流弊是有内容而无恰切的表现形式，后者的毛病则是徒具外表而无内涵。 孔子认为，真君子必须恰到好处地处理"文"和"质"，以求达到和谐与平衡。

子贡问："师与商也孰贤？"子曰："师也过，商也不及。"曰："然则师愈与？"子曰："过犹不及。"（《论语·先进》）子贡问孔子对弟子子张和子夏的看法，孔子回答说："子张过分，子夏不足。"子贡问过和不及哪个更好，孔子则认为过犹不及，事缓则圆。 人的错误有两种，一者是努力不足引起的，再者是由于行为过分引起的。 努力不够的后果严重，但节约了人力、物力、财力，留下的空白容易加工。 过分行为的危害不仅严重，而且难以补救和恢复，不仅需要清除原有行为，还要承受精力、财力的损失和心理创伤。

《道德经》里也有提醒，"揣而锐之，不可长保""是以圣人方而不割，廉而不刿，直而不肆；光而不耀"。 "锐"

"割""刵""肆""耀"是偏颇行为带给人的伤害。 圣哲一再反对行为的过分、过度、过界，"是以圣人去甚，去奢，去泰"（《道德经》第二十九章），"仲尼不为已甚者"（《孟子·离娄下》），"甚"指过度和过分，是急切偏颇、盲目强势的表现。 自己行事偏执而又急切，如何能要求别人客观中肯呢？

作为文明的倡导者，我们自己首先要做文明的践行者，在宣传有关政策时，不仅要深刻领会政策的精神实质，还要深入了解社情民意，将群众关切、群众利益作为工作的着力点，要运用群众喜闻乐见的语言，以生动活泼、温暖贴切的形式，制作出既通俗易懂，又接地气、暖人心的好标语，赢得群众的欢迎和好评，才能更好地传播正能量，潜移默化地增强人们的文明意识，推广文明健康的生活方式。

牢记"根"与"魂"

陈宝刚

《庄子·在宥》有:"云气不待族而雨,草木不待黄而落。"简单翻译过来,就是说云气不会等到聚集在一起了,才变成雨落下来。草木也不会等到发黄了才落叶。这里的"族",就是指聚集的意思。引申为人的话,就是指很多人聚集在一起,为此就有了"家族""种族""民族"的说法,而家族更强调血缘关系和亲属关系。

记忆中春节走亲戚,是最隆重的,也是童年时莫大的奢望,为啥呢?能享受"客人"的待遇吃顿好的,能收块儿八毛的压岁钱,能见见自己的亲人,能坐板车或自行车到几里外的村庄高高兴兴疯一回。那时候,每家每户的日子都过得紧巴巴的,虽然穷,虽然苦,但亲帮亲、邻帮邻,处处充满人情味。

如今,春节期间,为工作、为生计漂泊在天南地北的游子凑着假期回来走亲戚了。可是细心的人们发现，现在农村的断亲现象越来越严重了。

断亲就是说本来有亲戚关系的两家人，因为一些事情、一些纠葛、一些原因不再来往。而断亲问题虽然不是农村独有的，但是在广大农村表现得格外突出。现代社会交通便捷了，通信发达了，楼层变高了，收入增加了，生活变好了，但亲戚之间反而少了往来，淡薄了情谊，也折射出社会发展中物质富足的同时精神寄托的不足。在《论语》里，子曰："君子喻于义，小人喻于利。"就是说君子通晓大义、道义、恩义、情义、信义，对"义"非常清楚、理解，所以做事时，首先想是否符合"义"。断亲明显不符合"恩义""情义"，也不符合"道义""信义"。

断亲导致没有了人情。冷暖俗情谙世路，是非闲论任交亲。《朱柏庐治家格言》记载："兄弟叔侄，需分多润寡；长幼内外，宜法肃辞严。听妇言，乖骨肉，岂是丈夫；重资财，薄父母，不成人子。"古人教今天的人们如何善待家人亲人。在那缺吃少穿的年代，亲戚邻居之间你送我一袋红薯，我还你几棵白菜，互相救济帮衬着渡过难关，满是人情和温暖。走亲戚走亲戚，只有你来我往互相走动才显着亲，在互相关心、帮助、照顾、牵挂中人情才能长久。一旦断亲，单方面重视自己的生活，在乎自己的利益，而不去维系亲戚之间的关系，人情就会愈来愈薄。

断亲导致缺失了亲情。清代进士包永昌撰写的《家训韵语》云："凡有兄弟，如树同根。 根不可代，怨不可存。"亲情是纽带。 以前，亲戚之间谁有困难，温暖、纯朴的亲朋好友都会伸出援助之手，没有套路，没有心机，频繁地走动、联系，使亲情得以交融。 断亲以后，每家为了各自的生活拘泥于自己的"小圈子"，原本就淡化了亲情，还有脆弱的血缘关系，时间久了，联系也就断了。

断亲导致了乡情的淡化。 最美是乡音，最浓是乡情。 美丽乡村建设离不开和睦的亲戚、邻里关系。 悠悠赤子心，浓浓故乡情，新时代呼唤我们记住最亲的人。 如果亲戚疏远、家人不亲，那么社会和谐从何谈起？ 如果忘记了亲人、忘记了家乡，那么将来的一代怎能记住自己的来路和归处，又怎能铭记那缠绕于心、终生难忘的乡情、乡音、乡韵？

断亲的原因很多，有亲戚之间的性格不合、利益冲突，有亲戚间贫富差距过大心理失衡等。 以后，随着人情往来越来越不被看重，走亲戚越来越不被重视，这种断亲会越来越多。孟子曾说："未有仁而遗其亲者也，未有义而后其君者也。"是说重仁的人从来不会遗弃他的亲族，重义的人从来不会不顾他的君主。 孟子还说："人人亲其亲、长其长而天下平。"难道我们还不如古人乎？

《庄子·在宥》有："云气不待族而雨，草木不待黄而落。"简单翻译过来，就是说云气不会等到聚集在一起了，才变成雨落下来。 草木也不会等到发黄了才落叶。 这里的"族"，就是指聚集的意思。 引申为人的话，就是指很多人聚集在一起，为此就有了"家族""种族""民族"的说法，而家族更强调血缘关系和亲属关系。

亲情是一片沃土，滋养着我们的每一天，我还是羡慕、向往记忆中春节走亲戚的场景。路上，有板车、有自行车，川流不息的都是走亲戚的……认识的，打个招呼，还能搭辆顺风车；不认识的，擦肩而过，遇上车子陷进泥沟里的，互相帮助。大人孩子、亲人亲情、欢声笑语、寒暄问候、牵挂祝福，勾勒出一幅其乐融融的画面。

放眼农村，美丽乡村的愿景正在逐步实现。我在欣喜的同时，又想提醒一句，我们都要牢记自己的"根"与"魂"，只有这样，在家孤独守望乡村的老人孩子，还有漂泊异乡挣扎奋斗的青壮年，才会有丰盈的生活世界和永不放弃的精神支柱。还要珍惜亲戚之间割不断的血缘、放不下的牵挂，这些足以温暖人的一生，一路相伴前行。

无论多远的路，都阻挡不住回家的脚步；无论身在何方，都阻断不了思念亲人的情怀。

纵谈"光盘行动"

张杰民

清代，朱柏庐写下有"治家之经"美誉的《朱子家训》，阐明了"一粥一饭，当思来处不易；半丝半缕，恒念物力维艰"的节粮箴言，为后世所称道与遵循。而今的"光盘行动"，正是对这种文化的传承和延续。

"光盘行动"是近年出现的网络热词，旨在提倡节约粮食，养成珍惜粮食、反对浪费的习惯。

俗话说："民以食为天。"粮食，是人类赖以生存的基础，没有粮食，人类就无法繁衍、发展。为了避免浪费粮食，很多朝代的统治者都制定了不少相应的惩治措施。为反对铺张浪费、鼓励节约粮食，雍正二年（1724），皇帝下旨："谕膳房，凡粥饭及肴馔等类，食毕有余者，切不可抛弃沟渠。或与服役下人食之，人不可食者，则哺猫犬，再不可用，则晒干以饲禽鸟，断不可委弃。朕派人稽查，如仍不悛改，必治以罪。"意思是，宫廷中的剩饭剩菜，凡是人不可再食用的，可以用来喂猫、喂狗，如果连猫狗都不吃的，那就把它们晒干用来喂养禽鸟，总之，不可随意丢弃。 还要派人稽查，违反者必定治罪。 或许因为执行的情况不理想，雍正五年（1727），皇帝再降圣旨，再次强调了食物的重要性，要求煮饭时，宁可少煮，不可多煮，以免造成浪费。 对于浪费粮食的行为，明确要求不分等级、身份，一律严厉惩处，板子"伺候"。 雍正皇帝在四年内连下两道圣旨，对剩饭剩菜的处理及节约粮食问题，既有号召又晓之以理，既有具体办法又有惩治措施，显示了他对粮食问题的重视程度及一抓到底的决心。

千百年来，在节约粮食方面，我国有着良好的文化传承及家风教育。 小时候，我最爱读唐朝李绅所作的《悯农二首》："春种一粒粟，秋收万颗子。 四海无闲田，农夫犹饿死。""锄禾日当午，汗滴禾下土。 谁知盘中餐，粒粒皆辛苦。"诗中生动形象地描绘了古代劳动人民在农田里劳作的辛苦景象，道出了由于粮食稀缺和分配上的不均，不少人惨遭饿死的悲惨状况，尤其是把每一粒粮食与农民的心血和汗水紧紧地连在一起，成为大多数人对于节约粮食的最初印象。 至今很多小朋友都能倒背如流，可见其诗影响之深远。 到了清代，朱柏庐写下有"治家之经"美誉的《朱子家训》，阐明了"一粥一饭，当思来处不易；半丝半缕，恒念物力维艰"的节粮箴言，为后世所称道与遵循。 而今的"光盘行动"，正是对这种文化的传承和延续。

当今，物质丰富了，人们的消费理念发生了改变，餐桌上浪费的粮食数量巨大，令人触目惊心。 表面上看，浪费一粒米、扔掉一个馒头是件小事，实际上丢弃的是中华民族勤俭节约的传统美德，丢弃的是对劳动人民的真挚情感，丢弃的是做人的一种品格和精神。 粮食安全事关国家安全和国运民生，节约粮食万万不可轻忽，必须居安思危、未雨绸缪，做到丰年不忘灾年、增产不忘节约、消费不能浪费。

"历览前贤国与家，成由勤俭败由奢。"我们应致力于"光盘行动"，从自己做起，从现在做起，打造厉行勤俭节约、反对铺张浪费、保障粮食安全的时代风尚。

养心养气养和

孟津铷

> 心平气和也是人的"知"与"恬"交相滋养、互相促成的过程。摒除私虑是非，不容纤尘烦扰，精神达到统一和谐，保持纯真的自我。"敬之而不喜、侮之而不怒者，唯同乎天和者为然"。

近年，常听说周围的人不自觉地陷入形形色色的纠纷，有传统的夫妻婚姻关系、家庭矛盾、邻里相处、小额债务、轻微侵权等常见而多发的简单纠纷，也有土地承包、拆迁安置、环境保护、医患矛盾等公众广泛关注的复杂纠纷。陷于其中的当事人既气愤、沮丧，又无助、无奈。这一现实的压力加剧了人们生活的沉重，减少了幸福感、获得感。这些现象也呼吁人民调解制度需要向更广阔的领域、更规范化的方向发展，并与行政调解、司法调解、仲裁、诉讼等纠纷解决方式相结合，让双方相互妥协和让步，心平气和地解决纠纷，实现不争、息讼，甚至无讼的生活状态和社会状况。

和谐、不争既是现在人们幸福生活的体现，也是中国古代社会的理想状态。子曰："听讼，吾犹人也，必也使无讼乎！"在孔子看来，明察善断固然必要，但通过教化减少诉讼才是使社会达到和谐的重要途径。

减少诉讼，首先需要社会层面的改进和完善，我们要努力营造更加公平、公正的社会环境。当前社会转型期，人们心态失衡、道德不彰。有人有钱有权而无德，生活中耀武扬威，有恃无恐；有人仇官仇富，遇事先给人贴标签，而不是就事论事。这些都需要加以疏导。"冤愤不泄，戾气不消。"只有进一步发展经济，缩小贫富差距，确保执法、教育、医疗、住房、发展等各个方面更加公平，使百姓表达诉求的渠道更加通畅，才能给民众减压，让戾气得到释放。

其次，减少诉讼的根本是要倡导百姓保持心平气和的心态，换位思考，包容和理解别人。这也是我们进行调解工作的社会心理基础和前提，如果社会成员都能保持心平气和的状态，社会肯定是和谐稳定的局面。

"心平"是指人内心的平静，拥有一颗平常心。"气和"指气血调和，是安静稳重的状态。比如王安石谈到程颢时说，"荆公与先生虽道不同，而尝谓先生忠信。先生每与论事，心平气和"。"心平气和"还可以理解为《大学》中的"定而后能静，静而后能安，安而后能虑，虑而后能得"。

人处于顺境时，可以心平气和，面对繁难时难以平心静气。生活中不如意的事情时有发生，当人心理失衡时，对事物不能做出正确判断，就会出现勃然大怒、大发雷霆、心急如焚、忧心忡忡、暴跳如雷、怒形于色、怒不可遏、牢骚满腹的状态。《道德经》中说"益生曰祥。心使气曰强。物壮则老，谓之不道，不道早已"。《庄子·齐物论》中说"其寐也魂交，其觉也形开，与接为构，日以心斗"。冲突纷争成为人的日常状态，就会导致心理失衡、情绪大起大落，会大量消耗人的心神能量。心灵紧张不安中，会有大量的能量外逸消耗，人的精神很难和谐有序地支撑人的生活。

庄子极为推崇人的心境平和与平静，他誉之为"和"，如"心莫若和""夫德，和也""游心乎德之和"。作为人的内心或精神形态，"和"的含义之一为平和、宁静，"和"常常取法于水。"平者，水停之盛也。其可以为法也，内保之而外不荡也。德者，成和之修也。"人的理想精神状态就是保持平常心，就是心如止水、心平气和，摆脱外在干扰，心灵安闲自适、精神逍遥自在。

"和"不仅体现为平和、宁静，在更深的意义上隐含人们精神世界的完整和统一。"守其一以处其和。"在心平气和的时候，人的内心所想与外在行为契合，因此，精神世界也是丰富、和谐和完整的。

情绪的和谐适度平稳，伴随着修养和智慧的双修。"古之治道者，以恬养知。生而无以知为也，谓之以知养恬。知与恬交相养，而和理出其性。""恬"有安静、安然、坦然之意，由安静、平静引申为安逸、舒适、淡泊、淡漠等。"知"不是单一的知识，而是智慧的意思。 庄子通过"知恬互养"告诉我们：在情感自然和心灵安闲的基础上，人才能超脱于俗世，游心于无穷，才能与宇宙同样辽阔宏远。 这种在通达平和的心境下获得的知识才是冷静客观的、中肯的、整体的、全局的，才是离现实最近的，因而才能称得上明智。 心平气和也是人的"知"与"恬"交相滋养、互相促成的过程。 摒除私虑是非，不容纤尘烦扰，精神达到统一和谐，保持纯真的自我。"敬之而不喜、侮之而不怒者,唯同乎天和者为然。"庄子告诉我们，在静心之中，减少与外界的摩擦，减少与他人的矛盾，听从内心的呼唤，感受那份与自然融为一体的宁静，走向个人之外的无限天地，完成境界的无限提升。

必须远离的恶习

陈济民　陈晨

老子旗帜鲜明地提倡要"见素抱朴，少私寡欲"（《道德经》第十九章）。 他不反对人们基于正常生存生息、工作生活，需要满足一定的欲望和需求，他反对的是多私多欲，甚至利欲熏心，为了满足个人私欲不惜铤而走险、违法乱纪。

赌博是人们必须远离的恶习。

张艺谋导演、根据余华同名小说改编、葛优主演的电影《活着》，就上演了一幕因赌博而造成的人生悲剧。 富二代徐福贵生性好赌，被心怀叵测的龙二下套输掉了祖产豪宅。父亲因他赌博气恼身亡，妻子劝赌无果带着孩子回了娘家，福贵沦落街头，靠表演皮影戏讨口饭吃。

影视作品是社会现实的折射，因赌博而导致的悲剧在现实生活中仍不时上演。

近年，每当春节前后，一些乡村便传来阵阵麻将声。 年末岁尾，忙活了一年，打打牌，放松放松，未尝不可。 但这种放松在一些地方变了味，有的村民在外面打工积攒了几个钱，便不满足于一般的休闲娱乐，下的注越来越大，变成了赌博。 于是，没日没夜地打牌，不吃不喝地搓麻将，打得亲朋好友反目成仇，搓得家庭不和、邻里不睦。 辛辛苦苦干一年，一下子输个底朝天。 年，自然也过不好了。

赌博历来都是人们痛恨、法律严惩的恶习，这些年死灰复燃，究其根源，仍是一些人素质比较低、内心存有以不正当手段获取金钱的欲望。 其实，对于人性的这一弱点，咱们的老祖宗看得最透彻，剖析得最到位。

老子旗帜鲜明地提倡要"见素抱朴，少私寡欲"。 他不反对人们基于正常生存生息、工作生活，需要满足一定的欲望和需求，他反对的是多私多欲，甚至利欲熏心，为了满足个人私欲不惜铤而走险、违法乱纪。 所以，他谆谆告诫人们："五色令人目盲，五音令人耳聋，五味令人口爽，驰骋畋猎令人心发狂，难得之货令人行妨。"他要求人们应"为腹不为目"，一针见血地指出："金玉满堂，莫之能守；富贵而骄，自遗其咎。"他认为把追求金钱富贵作为人生目标的人，最终的下场往往不妙。

老子"甚爱必大费，多藏必厚亡。 故知足不辱，知止不殆，可以长久""祸莫大于不知足，咎莫大于欲得。 故知足之足，常足矣"的告诫，足以振聋发聩，犹如警世洪钟，时时震荡人们的心灵，启发人们摒除种种不切实际的私利和欲望，凭能力、凭双手、凭聪明才智立身于世。 当然，不光是老子，不光是道家，春秋末年的诸子百家，历朝历代的哲学家、思想家和有识之士，都对"少私寡欲""知足知止"发表了独到见解，提出了修身养性，杜绝私心私利、邪恶欲望的主张。

让我们从中汲取无穷的正能量，牢记古人的谆谆告诫，做一名"见素抱朴，少私寡欲"的人。

由黄香"扇枕温衾"说开去

晨鸣　宋丹丹

> 仁义孝慈是天道的自然流露，有作为、敢担当的君主王侯应当引导黎民百姓摒弃虚伪奸诈，恢复孝顺慈爱的本性。多次向老子问礼并深悟老子之道的孔子和他的弟子们，更是将由天道生发开来的孝道上升到社会伦理高度，做了深入阐发并形成社会道德规范而大行于天下。

东汉时期，有个叫黄香的孩子，母亲去世后和父亲相依为命。黄香虽然很小，却知道孝敬父亲。夏夜，酷暑难耐，为了使父亲安然入睡，黄香每晚都先把席子扇凉，再请父亲去睡；冬天，天寒地冻，黄香每天先钻到父亲冰凉的被褥中，用身体温热被子后，再扶父亲上床。黄香小小年纪就有这样的孝心，也使他做人、求学上有所成就。后来，他成了以孝闻名的好官，竟至有了"扇枕温衾"的成语流传于世。

孝道是中华优秀传统文化的重要内容，在中国五千多年的文明史中产生了重大影响。时至今日，对于乡村振兴，建立和睦、和谐、和乐、和美社会仍有积极的借鉴践行价值。

近年，随着城市化进程的推进，年轻人大量外出打工谋生，农村的老辈人和下一代之间，自然形成了空间上的隔离，不在一块儿生活，要尽孝道，基本谈不上。即使不外出，新房盖起后，也有人不愿意与老人一起居住，常常让父母住在破旧的老屋里。扶贫时我所在的村子里，一个老人养了三个儿子，老大成家立业，老二是光棍，老三在城里瞎混。老大对老人不闻不问。老人和老二住在三间土坯房里，经常食不果腹。这不是个例，乡村中不少类似的老年人感受不到亲情的温暖，生活在孤寂与无奈之中。亲情的冷漠没有相关的法律来制裁，而有些人的道德缺失和沦丧到了让人义愤填膺的程度。

老子在《道德经》里就明确提出"六亲不和，有孝慈""绝仁弃义，民复孝慈"。在他看来，仁义孝慈是天道的自然流露，有作为、敢担当的君主王侯应当引导黎民百姓摒弃虚伪奸诈，恢复孝顺慈爱的本性。多次向老子问礼并深悟老子之道的孔子和他的弟子们，更是将由天道生发开来的孝道上升到社会伦理高度，做了深入阐发并形成社会道德规范而大行于天下。《论语·为政》载：子夏问孝。子曰："色难。有事，弟子服其劳；有酒食，先生馔。曾是以为孝乎？"孔子倡导"父母在，不远游，游必有方""事父母，能竭其力"。孟子说："老吾老，以及人之老；幼吾幼，以及人之幼。天下可运于掌。"墨家有："孝，以亲为芬，而能能利亲，不必得。"法家有："家贫则富之，父苦则乐之。"秦始皇以严刑酷法治理国家，但也主张孝。汉代《太平经》中也有"人亦天地之子也"，如果"老无所依"，谓之"不孝"。流传至今，莫与不孝之人交朋友，已然成为社会共识。

"百善孝为先"，对父母尽孝乃百善之首。动物生育后代以后，会教会后代生存的方式，比如鸟学飞、兽学走，它们长大以后，也会回过头来奉养自己的长辈，诸如乌鸦反哺、小乌龟喂瞎了眼的老乌龟等。这些动物维系生存的手段和本能，体现出了它们繁衍生息的生态伦理，这正好与人类的社会伦理相契合。无怪乎《孝经》开头便说"夫孝，德之本也，教之所由生也"。子女孝敬父母，是自然界生态伦理的提高与升华，充满了更多的温情，散发着人性的光辉。

"老吾老，以及人之老。"孝敬父母的人，自然也会尊敬天下所有的老人。这些均是人间正道，是人人必须遵守的伦理规范，也是一个人高尚道德、崇高人格的体现。

孝道可使家庭和睦、社会和谐、"民德归厚"，让我们学习传承古往今来的孝道精华，从自身、自家做起，成为孝老爱亲、品德高尚的大写的人。

消除戾气　培固正气

张璐

> "天地有正气，杂然赋流形。"天地之间有一股堂堂正气，它赋予万物而变化为各种体形。我们每一个人都要保持上天赋予的正气，驰而不息，不断铺陈风清气正的社会生态新图景。戾气是和正气相对的，我们要以正气来排除戾气。

戾气指的是暴戾之气，即偏向走极端的一种心理或风气。比如地铁里抢座位、司机扇快递小哥耳光、餐厅服务员开水浇顾客等热点事件，这些暴力事件的起因，多数是琐碎小事、寻常争议，根本不至于使用暴力。但有些人完全不顾"恶言不出于口，忿言不反于身，不辱其身，不羞其亲，可谓孝矣"的古训，点火就着、一触即跳，最终发展成争吵辱骂、拳脚相加，甚至伤及生命。这也不由让人更加向往我们欣赏的温柔敦厚、濡弱谦下、互相揖让的君子之风。

社会人际交往表明，和谐的人际关系是重要的生产力。

一个人戾气重了，会影响身体健康；一个家庭戾气重了，会影响家庭和谐；一个社会戾气重了，会影响社会稳定。戾气弥散严重危害社会秩序，引发公众恐慌。

《诸病源候论》中说"人感乖戾之气而生病，则病气转相染易，乃至灭门"。《逸周书·谥法解》中说"不悔前过曰戾"。家庭和社会上戾气重了，就会矛盾横生。消除戾气、化解矛盾、改善邻里关系，是当今社会的一大重任，也是每个人必须面对的课题。

首先，化解戾气要靠深化收入分配体制改革，努力缩小人们的收入差距。社会贫富差距越大，弱势群体的不平等感就越强。在贫富差距仍旧显著的今天，一些弱势群体的怨气会被激化为戾气，通过随机暴力行为来宣泄，将愤恨不公平转化为仇视社会。

其次，化解社会戾气要严明法治。有人肆意妄为、滥施暴力，根本原因是违法成本太低，认为"骂了也就骂了，打了也就打了，只要不打伤，责任就不大"。对于这等滋事生乱的人，只有依法严惩，才能起到警示作用。

再次，化解社会戾气要从各方面加强引导，形成文明向善的舆论场。面对社会责任与公共风险，媒体在信息传播中要遵循公序良俗，杜绝炒作冲突话题、挑拨事端、激化矛盾，引导网民远离低俗、消解无谓愤怒。

最后，化解戾气的一大药方是保持平和的心态。对我们每一个人而言，任何事情都不是抛弃公民基本文明素养的理由和借口。

文天祥《正气歌》"天地有正气，杂然赋流形"。天地之间有一股堂堂正气，它赋予万物而变化为各种体形。我们每一个人都要保持上天赋予的正气，驰而不息，不断铺陈风清气正的社会生态新图景。戾气是和正气相对的，我们要以正气来排除戾气。

"故智者之养生也，必顺四时而适寒暑，和喜怒而安居处，节阴阳而调刚柔。如是则辟邪不至，长生久视。"《黄帝内经》认为养生的最高境界是调畅情志。在日常生活中调整自己的情绪，适当表现出情绪是可以的，但不要太过，总体上要使心情保持平和。

我们如何消除戾气及不必要的怒气呢？

一是学习从容平和之道，也就是凡事不走极端，保持中和，做到处事、处物不偏不倚。人们心态平和了，碰到任何事情，也就能够从容应对，中庸之道对于世间万事万物都是可行的。

"中庸之为德也，其至矣乎！民鲜久矣。"中庸是道德行为的高度适度状态，是最高的德行。不偏不倚，选择行为之恰到好处，谓之中；就日常生活之长期坚持，谓之庸。中庸就是不偏不倚的、平常的道理。中庸之道说起来容易，实行起来却是比较难的，需要人们不断地修行。

二是保持真心诚意，做好道德修养。人们要以积极的心态看待他人、肯定他人、尊重他人，更多地理解他人、体谅他人、包容他人，理性处理人际关系中的矛盾。

"喜怒哀乐之未发，谓之中；发而皆中节，谓之和。"包括怒气在内的情绪，未发是中；如果要发，也要符合节度，才符合中庸之道。

只要修行好了，人们就能淡定面对，缓和社会生活张力、化解社会心理失衡、消除社会浮躁情绪，就是泰山崩于前，也能面不改色，又何惧外界的小小影响？